Carole Nitsche

Le petit livre des salades minceur

FIRST Editions

ISBN 2-87691-771-8
Dépôt légal : 2e trimestre 2003
Imprimé en Italie

Conception graphique : **Pascale Desmazières**

Nous nous efforçons de publier des ouvrages qui correspondent à vos attentes et votre satisfaction est pour nous une priorité. Alors, n'hésitez pas à nous faire part de vos commentaires à :
Éditions Générales First
27, rue Cassette
75006 Paris - France
Tél. : 01 45 49 60 00
Fax : 01 45 49 60 01
e-mail : firstinfo@efirst.com
En avant-première, nos prochaines parutions, des résumés de tous les ouvrages du catalogue. Dialoguez en toute liberté avec nos auteurs et nos éditeurs. Tout cela et bien plus sur Internet à : www.efirst.com

Introduction

« Une bonne salade... », c'est un terme qui met l'eau à la bouche et qui sous-entend beaucoup de bienfaits : couleur, saveur, légèreté, vitamines...

Les fruits, les légumes et les herbes fraîches offrent un éventail de parfums, de couleurs et de saveurs extraordinaires, sans oublier les céréales, les légumes secs et les féculents. Vous pouvez les marier avec du poisson, de la viande, de la volaille et même du fromage, pour avoir un plat plus nourrissant et qui vous apporte tous les éléments dont votre organisme a besoin pour être en pleine forme, sans prendre de poids.

Les salades que je vous propose dans ce livre peuvent être complètes, ou servies en entrée ou en accompagnement de vos viandes ou poissons. Vous avez aussi un choix de salades dessert qui pourront compléter une salade salée ou un repas habituel.

Petit rappel d'équilibre

Minceur rime avec équilibre. Pour assurer le bon fonctionnement de votre organisme, il est important de lui fournir les nutriments dont il a besoin, en pensant à contrôler votre apport énergétique et en associant éventuellement une activité sportive ou physique régulière.

• Nutriments énergétiques

Protéines ou protides (4 Calories/gramme). Elles ont un rôle plastique pour notre organisme, il est indispensable d'en consommer journellement pour assurer le renouvellement cellulaire et le maintien de la masse musculaire.

Lipides ou graisses (9 Calories/gramme). Ils ont à la fois un rôle énergétique et un rôle plastique. Énergétique, car une cuillerée à soupe d'huile représente 90 Cal. Plastique, car les lipides d'origine végétale nous permettent de couvrir nos besoins en acides gras essentiels, indispensables pour l'équilibre.

Glucides ou hydrates de carbone (4 Calories/gramme). Ils ont un rôle énergétique, mais sont aussi indispensables au bon maintien du taux de sucre dans le sang, pour éviter l'hypoglycémie. Le glucose est le principal nutriment de notre cerveau.

- **Nutriments non énergétiques**

Eau, sels minéraux, oligo-éléments, vitamines, ils n'apportent pas d'énergie mais sont indispensables au bon fonctionnement de l'organisme.

- **Fibres alimentaires**

Présentes dans les fruits et légumes, elles transitent sans transformation dans le tube digestif.

- **L'eau**

Nous sommes constitués à 60 % d'eau, c'est le nutriment le plus indispensable à la vie. Les apports vont être assurés à la fois par l'eau de constitution des aliments et l'eau de boisson. Pensez à bien boire au cours de la journée pour éviter toute déshydratation, surtout en cas de forte chaleur.

Comment établir facilement votre équilibre alimentaire ?

On distingue 6 groupes d'aliments devant être présents chaque jour dans vos menus.

1 - Les viandes, poissons, œufs, abats, jambons, coquillages, crustacés : Principale source de protéines.
2 - Les fromages, produits laitiers, laits : Principale source de calcium.
3 - Les matières grasses animales et végétales. Les matières grasses végétales sont notre source d'acides gras indispensables ou essentiels.
4 - Les féculents : pain, pâtes, riz, pommes de terre, semoule, blé, légumes secs, tapioca, farine, fécule : Source de glucides d'absorption lente.
5 - Les végétaux crus. Source de fibres, vitamines, minéraux : Seule source de vitamine C.

6 - Les végétaux cuits : Source de fibres, vitamines, minéraux (la cuisson entraîne une dégradation des vitamines et une perte de minéraux).

À chaque repas principal (déjeuner et dîner), pensez à consommer ces six groupes d'aliments, sans oublier le quatrième groupe, qui permet d'avoir une sensation de satiété à long terme avec l'absorption lente des glucides. J'insiste sur ce groupe d'aliments car de façon habituelle les personnes voulant contrôler leur poids suppriment les féculents de leur alimentation, ce qui entraîne forcément un déséquilibre de la ration journalière... et une sensation de faim qui peut les amener à abandonner leur surveillance.

Notez aussi que pour maintenir un poids stable, ou pour mincir, il est indispensable d'associer à un contrôle alimentaire une activité physique et/ou sportive la plus régulière possible. Si vous n'avez ni le temps ni l'envie de pratiquer un sport, pensez à la marche à pied pour faire vos petits achats, prenez les escaliers plutôt que l'ascenseur, par exemple.

Comment utiliser ce livre ou comment être gourmand sans scrupule ?

Nous vous proposons dans ce petit livre plus de 150 recettes de salades classiques ou inventives, à servir en entrée, en accompagnement d'une viande ou d'un poisson, ou en plat unique : salades de poisson, de viande ou de volaille, de légumes, de céréales, des taboulés, et des idées de sauces d'accompagnement très parfumées pour varier les plaisirs, sans oublier, pour les gourmands qui veulent terminer leur repas sur une note sucrée, des salades dessert. Certaines de ces recettes sont très volumineuses, elles vous permettront d'avoir une sensation de satiété importante. Les recettes de desserts sont proposées avec systématiquement un ajout d'édulcorant de synthèse (aspartam) pour avoir un goût sucré plus prononcé. Mais chaque recette peut être réalisée sans édulcorant, vous retrouverez le vrai goût des fruits. À vous de tester !

Chaque recette est prévue pour quatre personnes, les calories indiquées le sont pour une portion. Les recettes de salades salées, pour la majorité, sont accompagnées d'un conseil d'assaisonnement, pensez à comptabiliser les calories supplémentaires. Nous vous donnons aussi un conseil diététique pour vous permettre de réaliser plus facilement l'équilibre alimentaire du repas.

Voici quelques exemples de menus pour vous aider :

I

• CREVETTES EN SALADE D'ORANGE	170 CAL
• SAUCE YAOURT AU CITRON	18 CAL
• UN YAOURT À 0 %	50 CAL
• TABOULÉ AUX FRAISES	135 CAL
• UN PETIT MORCEAU DE PAIN (20 G)	50 CAL

Au total, nous avons 423 Cal, avec tous les groupes d'aliments présents, il ne manque que la présence d'acides gras essentiels sous forme d'huile végétale.

Deux solutions possibles :

- utiliser comme assaisonnement la vinaigrette huile d'olive et citron (50 Cal/p.) ;
- consommer l'huile à l'autre repas pour avoir les acides gras essentiels sur la journée.

II	
• TABOULÉ AU SAUMON FRAIS ET AU FENOUIL	353 CAL
• UN FROMAGE BLANC À 0 %	45 CAL
• AGRUMES À LA MENTHE	120 CAL

Au total, nous avons 518 Cal, avec tous les groupes d'aliments présents même l'huile végétale pour les acides gras essentiels.

III	
• CHIFFONNADE DE JAMBON EN SALADE	235 CAL
• SAUCE YAOURT À L'AIL	15 CAL
• UN MORCEAU DE PAIN (40 G)	100 CAL
• FRUITS ROUGES RAFRAÎCHIS	95 CAL

Au total, nous avons 445 Cal, avec tous les groupes d'aliments présents, il ne manque que la présence d'acides gras essentiels sous forme d'huile végétale (voir suggestion I). Il n'est pas nécessaire de rajouter un produit laitier, puisque la chiffonnade contient du gruyère.

IV

• SALADE DE PÂTES AUX PETITS POIS ET À LA PASTÈQUE	220 CAL
• SAUCE CITRON À L'HUILE D'OLIVE	50 CAL
• UN YAOURT À 0 %	50 CAL
• FRUITS D'ÉTÉ	100 CAL

Au total, nous avons 420 Cal, avec tous les groupes d'aliments présents.

V

• RATATOUILLE EN SALADE	68 CAL
• SAUCE CITRON HUILE D'OLIVE	50 CAL
• UNE PORTION DE BŒUF GRILLÉ (100 G)	250 CAL
• UN YAOURT À 0 %	50 CAL
• SALADE DE POMMES AUX CÉRÉALES	140 CAL

Au total, nous avons 558 Cal, avec tous les groupes d'aliments présents.

VI	
• LANGUE DE VEAU EN SALADE	281 CAL
• VINAIGRETTE À L'ÉCHALOTE	55 CAL
• UN YAOURT À 0 %	50 CAL
• POMMES ET POIRES AUX FLOCONS D'AVOINE	123 CAL

Au total, nous avons 509 Cal, avec tous les groupes d'aliments présents.

VII	
• SALADE DE BACON FUMÉ	143 CAL
• SAUCE YAOURT À LA CIBOULETTE	12 CAL
• CAMEMBERT (30 G)	104 CAL
• PAIN (40 G)	100 CAL
• SALADE DE FRAISES À L'ORANGE	95 CAL

Au total, nous avons 454 Cal, avec tous les groupes d'aliments présents.

VIII	
• SALADE DE FENOUIL AU CHÈVRE	265 CAL
• SAUCE YAOURT À L'ANETH	12 CAL
• SALADE DE BLÉ AUX FRUITS ROUGES	119 CAL

Au total, nous avons 396 Cal, le chèvre nous permet d'avoir un apport de protéines et de calcium, ce qui nous permet de ne pas consommer de viande ou de poisson à ce repas.

IX	
• CHOU AU GINGEMBRE	81 CAL
• PAIN 40 G	100 CAL
• ESCALOPE DE VOLAILLE (100 G)	124 CAL
• NAGE DE MYRTILLES	155 CAL

Au total, nous avons 460 Cal, avec tous les groupes d'aliments présents. Il est souhaitable de compléter ce repas avec une portion de laitage ou fromage au prochain repas, car nous avons ici 1/2 yaourt par personne, ce qui est un peu juste pour l'apport en calcium.

X

• SALADE AU LAPIN	221 CAL
• VINAIGRETTE HUILE DE TOURNESOL/ VINAIGRE DE CIDRE	50 CAL
• CAMEMBERT (30 G)	102 CAL
• CARPACCIO DE MELON	86 CAL

Au total, nous avons 459 cal, avec tous les groupes d'aliments présents.

XI

• JAMBON CRU À LA MANGUE	200 CAL
• VINAIGRETTE HUILE DE NOIX/ FRAMBOISE	50 CAL
• TABOULÉ D'AGRUMES À LA MENTHE	113 CAL

Au total, nous avons 365 Cal, avec tous les groupes d'aliments présents.

Et maintenant, bon appétit !

INSPIRATION ASIATIQUE

4 personnes **155 CAL/P**

400 g de pousses de bambou • 400 g de germes de soja • 300 g de miettes de crabe • 2 citrons verts • 100 g de mangue • Sel, poivre

Réalisation

Prélevez les zestes des citrons verts et pressez le jus des fruits. Mixez la chair de la mangue avec le jus et les zestes de citron, salez, poivrez. Mélangez les pousses de bambou avec les germes de soja et les miettes de crabe. Ajoutez au mélange la mangue mixée.

Conseil d'assaisonnement

Sauce soja en bouteille, éventuellement.

Conseil diététique

Pensez à consommer un morceau de pain, puisque cette salade ne comporte pas de féculent.

CARPACCIO DE LA MER À LA MANGUE

4 personnes **308 CAL/P**

200 g de saumon frais • 200 g de dorade • 8 gambas décortiquées • 2 petites tomates • 1 mangue • 300 g de fenouil • 1 citron vert • 4 ou 5 gouttes de Tabasco • 4 cuil. à café d'huile d'olive • Sel, poivre

Réalisation

Coupez les filets de poisson en fines lamelles, coupez les gambas en deux, réservez au frais. Pressez le citron. Pelez la mangue, prélevez-en un quart et mixez-le avec le jus de citron, ajoutez le Tabasco, du sel, du poivre et l'huile. Badigeonnez avec un pinceau les morceaux de poisson et les gambas avec le mélange de mangue, puis réservez au frais environ 2 heures. Pendant ce temps, coupez le reste de la mangue en fines tranches. Nettoyez le fenouil et émincez-le. Ébouillantez, pelez, épépinez les tomates et coupez-les en tout petits dés. Disposez les lamelles de fenouil et de mangue en rosace sur quatre assiettes, répartissez le carpaccio de poisson et les demi-gambas. Nappez les assiettes avec le reste de sauce et parsemez avec les dés de tomate. Servez très frais.

Conseil diététique

Pensez à consommer un morceau de pain.

COCKTAIL DE FRUITS DE MER AUX FARFALLE

4 personnes **240 CAL/P**

120 g de farfalle crues • 500 g de fruits de mer mélangés surgelés • 2 ou 3 échalotes • 1 citron vert non traité • 1 citron jaune non traité • 10 feuilles de basilic • 5 gouttes de Tabasco • Sel, poivre

Réalisation

Décongelez et égouttez les fruits de mer. Prélevez les zestes des citrons et coupez-les en fines lamelles après les avoir lavés à l'eau chaude. Faites cuire les pâtes à l'eau bouillante salée pendant 10 minutes, égouttez-les et laissez-les refroidir. Hachez finement les échalotes et le basilic. Pressez les citrons, ajoutez au jus obtenu les zestes, le Tabasco, le hachis d'échalote et de basilic. Mélangez les pâtes froides avec les fruits de mer et la sauce au citron.

Conseil d'assaisonnement

Vous pouvez consommer cette salade telle quelle ou l'assaisonner avec une sauce à l'orange (p. 149) ou une sauce yaourt au Tabasco (p. 153).

Conseil diététique

Inutile de prendre du pain, puisque vous consommez des pâtes.

CREVETTES EN SALADE D'ORANGES

4 personnes **170 CAL/P**

400 g de crevettes décortiquées • 1 fenouil • 400 g de tomates • 200 g de salade verte • 2 oranges • 20 brins de ciboulette • 1 oignon

Réalisation

Pelez les tomates, épépinez-les et coupez la chair en cubes. Émincez le fenouil et la salade en fines lamelles, ciselez la ciboulette, hachez finement l'oignon, pelez les oranges à vif pour en dégager les quartiers sans peau. Mettez les ingrédients dans un saladier, ajoutez les crevettes. Versez la sauce choisie et mélangez bien.

Conseil d'assaisonnement

Sauce yaourt au citron (p. 151) ou sauce citron à l'huile d'olive (p.150).

Conseil diététique

Pensez à consommer un morceau de pain.

DUO DE CHOUX AU CABILLAUD

4 personnes **150 CAL/P**

400 g de chou-fleur • 400 g de brocoli • 500 g de cabillaud • 200 g de salade verte • Ciboulette • Sel

Réalisation

Faites cuire le brocoli, le chou-fleur ainsi que le cabillaud à la vapeur, sans oublier de saler l'eau de cuisson. Laissez refroidir. Séparez les fleurs des choux, effilochez le cabillaud. Coupez finement la salade verte. Mélangez tous les ingrédients dans un saladier, parsemez de ciboulette. Vous pouvez aussi dresser sur des assiettes, d'abord la salade verte puis les fleurs des choux mélangés, en terminant par le cabillaud et en parsemant de ciboulette.

Conseil d'assaisonnement

Vinaigrette huile de tournesol / vinaigre de cidre (p. 155).

Conseil diététique

Pensez à consommer un morceau de pain.

LENTILLES ET SAUMON EN SALADE

4 personnes **205 CAL/P**

400 g de lentilles cuites • 400 g de saumon frais • 200 g de salade verte (feuille de chêne, laitue) • 400 g de tomates • Thym

Réalisation

Faites cuire le saumon à la vapeur de thym, pendant 10 à 15 minutes (mettez 2 ou 3 branches de thym dans l'eau). Lavez, essorez la salade et coupez-la en fines lanières. Coupez les tomates en cubes. Effilochez le saumon cuit. Mélangez tous les ingrédients dans un saladier ou disposez dans un plat creux un lit de salade, puis recouvrez avec les lentilles, les cubes de tomate, ainsi que les miettes de saumon.

Conseil d'assaisonnement

Sauce yaourt aux épices en utilisant de la cannelle (p. 151).

Conseil diététique

Inutile de consommer du pain.

MACARONIS AU CARPACCIO DE THON À L'ESTRAGON

4 personnes **300 CAL/P**

120 g de macaronis crus • 300 g de thon frais • 400 g de concombre • 200 g de laitue • 1 citron • 10 brins d'estragon • Sel, poivre

Réalisation

Faites cuire les pâtes à l'eau bouillante salée pendant 10 minutes et laissez-les refroidir. Débitez le thon frais en fines tranches. Épluchez et coupez le concombre en petits cubes. Coupez la laitue en fines lanières. Émincez finement l'estragon. Pressez le citron. Mélangez tous les ingrédients, salez et poivrez.

Conseil d'assaisonnement

Sauce citron à l'huile d'olive (p. 150) ou sauce à l'orange (p. 149).

Conseil diététique

Inutile de consommer un morceau de pain, puisque les pâtes constituent un apport de féculents.

MÉLI-MÉLO AU MERLU

4 personnes **150 CAL/P**

400 g de merlu • 200 g de salade (laitue, feuille de chêne) • 1 botte de radis • 4 beaux champignons • 1 poivron jaune • 200 g de tomates • 1 pamplemousse (rose de préférence)

Réalisation

Faites cuire le merlu à la vapeur et laissez-le refroidir. Épluchez et lavez les radis, coupez-les en rondelles. Émincez les champignons, coupez les tomates en fines rondelles, pelez le pamplemousse à vif afin de dégager les quartiers sans peau. Ciselez la salade, coupez le poivron jaune en petits cubes. Disposez sur les assiettes la salade verte, les légumes coupés, les quartiers de pamplemousse et le merlu effiloché.

Conseil d'assaisonnement

Sauce yaourt aux herbes, utilisez du vinaigre de xérès et du basilic (p. 152).

Conseil diététique

Pensez à consommer un morceau de pain.

MÉLI-MÉLO DE POISSONS FAÇON EXOTIQUE

4 personnes **225 CAL/P**

150 g de filet de saumon cru • 150 g de filet de daurade cru • 150 g de filet de maquereau cru • 2 kiwis • 1 mangue • 2 citrons verts • 10 branches de menthe fraîche • 1 cuil. à soupe de poivre rose • 1/2 cuil. à café de gingembre en poudre • Sel, poivre

Réalisation

Faites blanchir le maquereau 2 minutes à l'eau bouillante, puis coupez-le en petits dés ainsi que les filets de daurade et de saumon crus, les kiwis épluchés, la mangue. Pressez les citrons. Mélangez le poisson et les fruits, ajoutez le jus des citrons verts. Concassez les baies roses, ajoutez-les au mélange. Saupoudrez de gingembre, salez, poivrez. Ciselez les feuilles de menthe et ajoutez-les.

Conseil d'assaisonnement

Sauce à l'orange (p. 149).

Conseil diététique

Pensez à consommer un morceau de pain avec cette salade qui ne contient pas de féculent.

MINI BLINIS AU SAUMON FUMÉ SUR LIT DE CŒURS DE LAITUE

4 personnes **160 CAL/P**

200 g de cœurs de laitue • 120 g de saumon fumé d'Écosse • 16 mini blinis • 4 à 6 brins d'aneth

Réalisation

Lavez, épluchez les cœurs de laitue et coupez-les finement. Répartissez-les sur quatre assiettes. Coupez le saumon fumé en seize morceaux et disposez-les sur les mini blinis, ajoutez des brins d'aneth, puis posez sur le lit de salade.

Conseil d'assaisonnement

Sauce yaourt aux herbes, en utilisant de l'aneth. (p. 152).

Conseil diététique

Pensez à consommer moins de pain ou de féculents, les blinis étant une source de glucides.

MOULES AU RIZ

4 personnes **240 CAL/P**

400 g de moules cuites sans coquille (fraîches, en bocal, en boîte) • 400 g de tomates • 1 fenouil • 400 g de riz cuit (riz blanc ou complet selon les goûts) • Thym (frais de préférence, sinon surgelé)

Réalisation

Si vous utilisez des moules fraîches, faites-les cuire avec du thym, le parfum de la salade n'en sera que plus agréable. Coupez finement le fenouil. Pelez et épépinez les tomates et coupez-les en cubes. Mélangez le riz cuit, les cubes de tomate, le fenouil finement coupé et les moules, saupoudrez d'un peu de thym.

Conseil d'assaisonnement

Sauce citron à l'huile d'olive (p. 150).

Conseil diététique

Inutile de consommer du pain, le riz est un apport suffisant de féculents.

POIREAUX AUX CREVETTES EN SALADE

4 personnes **177 CAL/P**

400 g de crevettes cuites décortiquées • 1 kg de petits poireaux • 20 brins de ciboulette • 4 ou 5 gouttes de Tabasco • Sel, muscade

Réalisation

Lavez soigneusement les poireaux, coupez-les en fines rondelles et faites cuire à l'eau ou à la vapeur environ 4 à 5 minutes. Coupez les crevettes en trois ou quatre morceaux. Mélangez les rondelles de poireau cuites avec les morceaux de crevette, salez, poivrez, ajoutez quelques gouttes de Tabasco, ciselez la ciboulette par-dessus.

Conseil d'assaisonnement

Sauce yaourt au citron (p. 151).

Conseil diététique

Pensez à consommer un morceau de pain avec cette salade, puisqu'elle ne contient pas de féculent.

POMMES DE TERRE AU HADDOCK ET À L'ANETH

4 personnes **205 CAL/P**

500 g de pommes de terre • 300 g de haddock • 200 g de salade verte • 20 cl de lait écrémé • 20 brins d'aneth • 2 cuil. à soupe de baies roses • Sel, poivre

Réalisation

Faites tremper le haddock dans l'eau pour le faire dessaler un peu. Faites chauffer le lait additionné de 20 cl d'eau jusqu'à ébullition, plongez-y le haddock. Laissez-le pocher 5 minutes, puis laissez-le refroidir dans le liquide. Lorsqu'il est tiède, égouttez-le et coupez-le en lamelles très fines. Faites cuire les pommes de terre avec leur peau, épluchez-les encore tièdes et coupez-les en rondelles. Lavez et coupez en lamelles la salade verte. Ciselez l'aneth. Sur quatre assiettes, disposez la salade, puis les rondelles de pomme de terre encore tièdes, les lamelles de haddock, parsemez avec les baies roses, l'aneth ciselé, salez et poivrez. Servez aussitôt.

Conseil d'assaisonnement

Vinaigrette huile d'olive / vinaigre de xérès (p. 156).

Conseil diététique

Les pommes de terre qui composent cette salade sont un apport de féculents suffisant ; par conséquent, ne consommez pas de pain.

SALADE D'ANANAS AUX CREVETTES

4 personnes **140 CAL/P**

1 ananas moyen • 200 g de crevettes décortiquées • 10 g de noix de coco râpée • 1 citron vert • 1/2 cuil. à café de gingembre en poudre • Sel

Réalisation

Coupez l'ananas en deux dans le sens de la longueur, évidez-le et coupez la chair en petits morceaux. Pressez le citron vert. Mélangez dans un saladier les crevettes, l'ananas, la noix de coco râpée, le gingembre en poudre, le jus de citron et salez légèrement. Vous pouvez aussi répartir la salade ainsi préparée dans les deux demi-coques d'ananas.

Conseil d'assaisonnement
Mayonnaise au fromage blanc 0 % (p. 149).
Conseil diététique
Supprimez un fruit dans votre ration journalière, puisque cette entrée vous en apporte un.

SALADE D'ASPERGES AU CRABE

4 personnes **55 CAL/P**

200 g d'asperges vertes (fraîches, en bocaux) • 100 g de salade verte (feuille de chêne) • 100 g de carottes • 100 g de miettes de crabe

Réalisation
Lavez, épluchez la salade et coupez-la en lanières. Râpez les carottes. Mélangez la chiffonnade de salade avec les carottes râpées et répartissez sur quatre assiettes. Disposez ensuite les asperges vertes, puis ajoutez les miettes de crabe.

Conseil d'assaisonnement
Mayonnaise au fromage blanc 0 % (p. 149).

Conseil diététique

Vous avez avec cette recette un petit apport de protéines à prendre en compte pour votre ration quotidienne.

SALADE COULEUR CORAIL

4 personnes **266 CAL/P**

120 g de lentilles corail • 200 g de saumon frais • 200 g de saumon fumé d'Écosse • 1 citron vert • 200 g de salade verte • 1 pomme • 10 brins d'estragon • Sel, muscade

Réalisation

Faites cuire les lentilles corail 15 à 20 minutes dans quatre fois leur volume d'eau bouillante salée. Faites cuire à la vapeur le saumon frais, puis coupez-le en petits cubes. Coupez en fines lanières le saumon fumé. Pressez le citron. Pelez la pomme et râpez-la, puis citronnez-la avec le jus de citron afin d'éviter le noircissement. Ciselez l'estragon. Coupez en lanières la salade verte. Mélangez les lentilles cuites avec les cubes de saumon frais, les lanières de saumon fumé, la pomme râpée, l'estragon ciselé et un peu de muscade râpée. Répartissez les lanières de salade sur quatre assiettes puis disposez dessus le mélange précédent.

Conseil d'assaisonnement
Sauce yaourt au citron (p. 151) ou sauce à l'orange (p. 149)

Conseil diététique
Inutile de consommer du pain, les lentilles corail sont un apport de féculents suffisant.

SALADE DE BLÉ AU SURIMI

4 personnes **275 CAL/P**

2 petits fenouils (400 g environ) • 800 g de pastèque • 400 g de surimi • 400 g de blé cuit • 4 ou 5 branches d'aneth

Réalisation
Coupez les fenouils en fines lamelles, la pastèque en cubes, le surimi en petites rondelles de 5 mm, émincez finement l'aneth. Versez le blé cuit dans un saladier, ajoutez les autres

ingrédients et mélangez.

Conseil d'assaisonnement
Sauce à l'orange, en ajoutant un peu de muscade (p.149).

Conseil diététique
Inutile de consommer du pain, le blé est un apport de féculent suffisant. En complétant cette salade par un laitage sans sucre, vous avez un repas quasi équilibré, il ne vous manque que les acides gras essentiels.

SALADE DE FENOUIL ET SAUMON FUMÉ

4 personnes **190 CAL/P**

2 petits fenouils • 1 concombre • 250 g de champignons de Paris • 240 g de fines tranches de saumon fumé • 1 pamplemousse rose • 1 citron vert

Réalisation
Lavez rapidement les champignons, essuyez-les et émincez-les finement. Pressez le citron

vert et versez le jus sur les champignons pour éviter qu'ils ne noircissent. Coupez le fenouil en fines lamelles. Pelez le concombre et coupez-le en petit cubes. Pelez le pamplemousse à vif pour en détacher les quartiers sans peau, puis coupez-les en petits morceaux. Coupez le saumon fumé en lamelles. Mettez les légumes au fond d'un plat creux, disposez dessus le saumon.

Conseil d'assaisonnement

Sauce yaourt aux herbes en utilisant de l'aneth (p. 152).

Conseil diététique

Pensez à consommer un morceau de pain avec cette salade qui ne contient pas de féculent.

SALADE DE LOTTE ET DE FRISÉE

4 personnes **95 CAL/P**

400 g de chair de lotte • 200 g de salade frisée • 1 citron • 4 ou 5 étoiles de badiane • Sel, poivre

Réalisation

Pressez le citron. Dans une casserole, versez le jus de citron, portez-le à ébullition, retirez-le du feu et ajoutez la badiane. Laissez infuser environ 15 minutes. Découpez la chair de lotte en tout petits dés. Faites cuire les dés de lotte dans une poêle à revêtement anti-adhésif environ 3 à 4 minutes, arrosez-les avec l'infusion de badiane, salez et poivrez. Coupez, lavez, essorez soigneusement la frisée, mélangez-la dans un saladier avec les dés de lotte.

Conseil d'assaisonnement

Vinaigrette huile d'olive / vinaigre de xérès (p. 156).

Conseil diététique

Pensez à consommer un morceau de pain.

SALADE D'ENCORNETS

4 personnes **210 CAL/P**

500 g d'encornets • 250 g de haricots rouges cuits (en conserve, par exemple) • 200 g de tomates • 1 poivron vert • 100 g d'oignons • 1 petit piment (facultatif) • 2 citrons • 20 brins de persil • 1 pincée de chili en poudre • 1 cuil. à café de poivre en grains • 2 feuilles de laurier • Sel, poivre

Réalisation

Coupez finement l'oignon épluché, hachez cinq brins de persil. Pressez les citrons. Coupez les encornets en anneaux. Mettez dans 50 cl d'eau le jus de citron, l'oignon coupé, les feuilles de laurier, les grains de poivre, le persil haché et du sel. Faites cuire les encornets 20 à 25 minutes dans le bouillon. Ébouillantez les tomates pour pouvoir les peler et les épépiner, puis coupez-les en petits dés. Faites de fines lamelles avec le poivron. Hachez finement le piment avec le reste du persil. Si vous utilisez des haricots rouges en conserve, rincez-les. Égouttez et laissez refroidir les encornets après cuisson. Mélangez les encornets avec le piment et le persil haché, puis ajoutez les dés de tomate, les lamelles de poivron, les haricots rouges, salez et poivrez.

Conseil d'assaisonnement
Vinaigrette citron à l'huile d'olive (p. 150) ou sauce yaourt au citron (p. 151).

SALADE DE PÂTES AUX CREVETTES

4 personnes **300 CAL/P**

400 g de pâtes cuites (papillons, macaronis) • 1 concombre • 400 g de tomates • 4 œufs durs • 100 g de crevettes décortiquées (fraîches, surgelées, en boîte, en bocal) • 15 belles feuilles de basilic • 2 cuil. à soupe d'huile d'olive • 1 gousse d'ail

Réalisation
Épluchez l'ail. Pelez le concombre, lavez et essuyez les tomates. Mixez le basilic avec l'ail et l'huile d'olive en purée fine, mélangez avec les pâtes pour qu'elles s'imprègnent du mélange. Coupez le concombre et les tomates en cubes.

Coupez les œufs en rondelles. Mélangez les pâtes, les légumes, les crevettes, ajoutez les rondelles d'œuf.

Conseil d'assaisonnement
Sauce à l'orange (p. 149).

Conseil diététique
Inutile de consommer du pain, les pâtes constituant un apport de féculents suffisant. Avec l'huile d'olive, vous avez un apport d'acides gras essentiels.

SALADE DE PÂTES AUX MIETTES DE CRABE ET PAMPLEMOUSSE ROSE

4 personnes **268 CAL/P**

120 g de pâtes crues (papillons ou tortis) • 400 g de miettes de crabe • 2 pamplemousses roses • 20 g de gingembre frais • 100 g d'oignon • Sel

Réalisation
Faites cuire les pâtes, égouttez-les, rincez-les et laissez-les refroidir. Épluchez les pample-

mousses à vif afin d'en dégager les quartiers sans peau, puis coupez les quartiers en trois ou quatre morceaux. Râpez le gingembre frais. Hachez finement l'oignon. Mélangez les pâtes rafraîchies avec le hachis d'oignon, puis ajoutez les miettes de crabe, les morceaux de pamplemousse, le gingembre râpé, salez.

Conseil d'assaisonnement

Sauce à l'orange (p. 149).

Conseil diététique

Inutile de consommer du pain, les pâtes sont un apport de féculents suffisant.

SALADE DE PÉTONCLES AUX MYRTILLES

4 personnes **137 CAL/P**

200 g de mâche • 400 g de pétoncles (sans coquille) • 400 g de myrtilles fraîches • Sel, poivre

Réalisation

Émincez finement les pétoncles. Lavez et essorez la mâche, lavez les myrtilles et séchez-les soigneusement dans un papier absorbant. Mélangez les feuilles de mâche avec les pétoncles émincés, ajoutez les myrtilles, salez et poivrez.

Conseil d'assaisonnement

Vinaigrette à l'huile de noix /vinaigre de framboise (p. 154).

Conseil diététique

Pensez à consommer un morceau de pain, éventuellement complétez avec une entrée riche en légumes.

SALADE DE POISSON FUMÉ

4 personnes **150 CAL/P**

100 g de saumon fumé d'Écosse • 100 g de flétan fumé • 100 g de truite fumée • 1 orange • Sel, muscade

Réalisation

Pressez l'orange. Coupez les poissons fumés en lanières, mettez-les dans un saladier, arrosez de jus d'orange, ajoutez très peu de sel et de la muscade.

Conseil d'assaisonnement

Vous pouvez éventuellement assaisonner avec une sauce citron à l'huile d'olive (p. 150), mais la salade est déjà très riche en lipides.

Conseil diététique

Cette salade permet d'avoir un apport de protéines, complétez-la avec des légumes ou des féculents.

SALADE DE POULPE

4 personnes **145 CAL/P**

500 g de poulpe cru (préparé par le poissonnier) • 1 citron • 20 brins de persil • 2 cuil. à soupe d'huile d'olive • Sel, poivre

Réalisation

Faites cuire le poulpe pendant 20 minutes en démarrant la cuisson à l'eau froide, vérifiez la cuisson avec un couteau, laissez-le refroidir et coupez-le en petits morceaux. Mettez-le dans un saladier. Pressez le citron. Mélangez dans un bol le jus obtenu, le persil partiellement ciselé, l'huile d'olive, salez et poivrez, et versez sur le poulpe.

Conseil diététique

Cette salade permet d'avoir un apport de protéines, complétez-la avec des légumes ou des féculents. L'huile d'olive vous apporte des acides gras essentiels.

SALADE DE SAINT-PIERRE AU RAISIN FRAIS

4 personnes **160 CAL/P**

600 g de saint-pierre • 200 g de raisin frais • 200 g de tomates cerise • 4 cuil. à soupe de vinaigre de framboise • 20 brins de persil • Sel, poivre

Réalisation

Faites pocher le saint-pierre dans de l'eau bouillante additionnée du vinaigre de framboise, pendant environ 4 à 5 minutes, laissez-le refroidir. Coupez les grains de raisin en deux afin de pouvoir les épépiner. Coupez les tomates cerise en deux. Hachez le persil. Coupez le poisson en morceaux. Mélangez les ingrédients, salez, poivrez, ajoutez le persil haché.

Conseil d'assaisonnement

Vinaigrette à l'huile de noix /vinaigre de framboise (p. 154).

Conseil diététique

Pensez à consommer un morceau de pain, puisque cette salade ne contient pas de féculent.

SALADE THAÏE DE POMELO, DE POULET ET DE CREVETTES

4 personnes **263 CAL/P**

4 pamplemousses roses • 200 g de blancs de poulet • 200 g de crevettes roses décortiquées • 2 cuil. à soupe de noix de coco râpée • 20 g de cacahuètes grillées • Sel, poivre

Réalisation :

Pelez les pamplemousses à vif afin d'en dégager les quartiers sans la peau. Dans une poêle à revêtement antiadhésif, faites dorer la noix de coco râpée sans corps gras, réservez-la, puis faites dorer les blancs de poulet, salez et poivrez, coupez-les en lanières. Hachez les cacahuètes. Mélangez les quartiers de pamplemousse avec les crevettes, le poulet, puis répartissez sur quatre assiettes. Parsemez avec la noix de coco grillée et le hachis de cacahuète.

Conseil d'assaisonnement

Sauce à l'orange (p. 149).

Conseil diététique

Pensez à consommer un morceau de pain.

SAUMON FUMÉ AUX CROSNES

4 personnes **215 CAL/P**

400 g de crosnes (surgelés, ils sont plus simples d'utilisation) • 400 g de tomates • 240 g de saumon fumé d'Écosse • 100 g de mâche • 1 citron vert • 1 cuil. à café de vanille liquide • Sel, muscade

Réalisation

Faites cuire les crosnes à grande eau ou à la vapeur. Coupez les tomates en petits cubes. Pressez le citron vert, salez, ajoutez la muscade, complétez le jus obtenu avec la vanille liquide. Coupez en fines lanières le saumon fumé et arrosez-le de jus de citron. Mélangez les ingrédients. Servez frais.

Conseil d'assaisonnement

Sauce à l'orange (p. 149) ou sauce yaourt au citron (p.151).

Conseil diététique

Avec les crosnes, vous avez une salade riche en glucides, mais vous pouvez quand même consommer un petit morceau de pain.

TARTARE DE DAURADE À LA TOMATE

4 personnes **153 CAL/P**

400 g de filet de daurade • 400 g de tomates • 60 g d'échalotes • 1 citron vert non traité • 6 brins de coriandre • 200 g de batavia • 20 brins de ciboulette • 4 cuil. à café d'huile de noisette • Sel, poivre

Réalisation

Pelez les tomates, épépinez-les, coupez-les en petits dés. Pelez et hachez les échalotes. Taillez les filets de daurade en tout petits dés. Pressez le citron vert et prélevez le zeste que vous émincerez finement. Ciselez la coriandre. Mélangez ces ingrédients dans un saladier avec les zestes et le jus du citron vert, l'huile de noisette, la coriandre ciselée, salez et poivrez. Lavez et coupez la batavia en lanières, disposez-les sur quatre assiettes et répartissez dessus le mélange. Ciselez la ciboulette et parsemez-en les assiettes.

Conseil diététique

Pensez à consommer un morceau de pain pour avoir un apport de féculents.

TARTARE DE DAURADE AUX POMMES

4 personnes **255 CAL/P**

600 g de filets de daurade parés • 900 g de pommes Granny Smith • 2 citrons verts • 100 g d'échalotes • 1 cuil. à café de graines de coriandre • 1 bouquet d'aneth • Sel, poivre

Réalisation

Coupez en petits cubes les filets de daurade. Pressez les citrons. Râpez les pommes après les avoir épluchées, puis ajoutez le jus de citron pour éviter que les pommes ne noircissent. Coupez finement les échalotes et l'aneth. Mélangez les morceaux de poisson avec les pommes râpées dans un saladier, ajoutez les échalotes, la coriandre, l'aneth, salez et poivrez.

Conseil d'assaisonnement

Sauce citron à l'huile d'olive (p. 150).

Conseil diététique

Pensez à consommer un morceau de pain, cette salade ne contenant pas de féculents.

TORTIGLIONI AU CARPACCIO DE SAUMON AU BASILIC

4 personnes **283 CAL/P**

120 g de tortiglioni crus • 300 g de saumon cru • 200 g de feuilles de chêne • 300 g de fenouil cru • 20 feuilles de basilic • 1 citron vert • Sel, poivre

Réalisation

Faites cuire les pâtes à l'eau bouillante salée pendant 10 minutes environ et laissez-les refroidir. Débitez le saumon cru en fines tranches de l'épaisseur d'une tranche de jambon. Coupez le fenouil en petits cubes, la salade en fines lanières, hachez le basilic. Pressez le citron. Mélangez les pâtes avec le carpaccio de saumon, la salade, le fenouil, le basilic, le jus de citron, salez et poivrez.

Conseil d'assaisonnement

Sauce citron à l'huile d'olive (p. 150).

Conseil diététique

Inutile de consommer du pain, les pâtes sont un apport de féculent suffisant.

SALADES DE VIANDES, DE VOLAILLE ET D'ŒUFS

CHIFFONNADE DE JAMBON EN SALADE

4 personnes **235 CAL/P**

200 g de fines tranches de jambon cru dégraissées • 80 g de gruyère • 400 g de carottes épluchées • 400 g de concombre épluché et épépiné • 20 g de persil frais ou surgelé

Réalisation

Coupez le jambon en fines lamelles. Réservez. Pelez les carottes et le concombre à l'aide d'un couteau économe, puis coupez-les en fines rondelles. Détaillez le gruyère en lamelles fines également. Disposez les ingrédients dans un saladier. Hachez le persil, parsemez-le sur la salade et mélangez.

Conseil d'assaisonnement

Sauce yaourt à l'ail (p. 150).

Conseil diététique

Pensez à consommer un morceau de pain, cette salade ne contenant pas de féculents.

CANARD À L'ORANGE EN SALADE

4 personnes **186 CAL/P**

300 g de magret de canard d'élevage sans peau • 4 oranges • 200 g de salade verte • 200 g de germes de soja • 4 ou 5 gouttes de Tabasco • Sel, poivre

Réalisation

Pressez une orange et ajoutez au jus obtenu le Tabasco, salez et poivrez. Pelez les oranges restantes à vif, afin d'en dégager les quartiers sans peau. Mélangez la salade avec le soja, les quartiers d'orange et le jus. Coupez les magrets dégraissés en fines lamelles et faites-les revenir rapidement dans une poêle à revêtement antiadhésif. Répartissez la salade et le soja sur quatre assiettes et ajoutez les lamelles de canard encore tièdes.

Conseil d'assaisonnement

Sauce à l'orange (p. 149) ou vinaigrette huile de noix / vinaigre de framboise (p. 154).

Conseil diététique

Pensez à consommer un morceau de pain.

ALLUMETTES DE POULET GRILLÉES EN SALADE

4 personnes **150 CAL/P**

300 g de blanc de poulet coupé en très fines allumettes • 200 g de laitue • 200 g de tomates cerise • 50 g de parmesan • 50 g de moutarde • 1 cuil. à soupe de persil haché • 1 cuil. à soupe de fleur de thym • 1 cuil. à soupe de basilic haché • 1 cuil. à soupe d'origan • 1 cuil. à café de poivre de Cayenne ou de piment de Cayenne • Sel

Réalisation

Mélangez la moutarde avec le persil, le thym, l'origan, le basilic, le poivre de Cayenne et une pincée de sel. Ajoutez cette préparation aux allumettes de poulet et laissez-les s'imprégner du mélange. Épluchez et lavez la laitue puis coupez-la en lanières. Coupez les tomates cerise en deux. Faites griller les allumettes de poulet au gril ou au barbecue. Prélevez des copeaux de parmesan avec un couteau économe. Répartissez la salade et les tomates sur quatre assiettes, puis disposez dessus les allumettes de poulet grillées et les lamelles de parmesan.

Conseil d'assaisonnement
Sauce yaourt au Tabasco (p. 153) ou vinaigrette au vinaigre de miel (p. 156).

Conseil diététique
Pensez à consommer un morceau de pain avec cette salade, puisqu'elle ne contient pas de féculents.

CHOUCROUTE EN SALADE

4 personnes **200 CAL/P**

400 g de choucroute crue • 400 g de pommes de terre • 400 g de jambon blanc fumé dégraissé • 1/2 cuil. à café de cumin en poudre • 1/2 cuil. à café de coriandre en poudre

Réalisation
Faites cuire les pommes de terre à l'eau avec leur peau, puis laissez-les tiédir et épluchez-les. Coupez-les en rondelles ou en cubes, selon leur taille. Rincez la choucroute à l'eau froide pour enlever un peu d'acidité, puis pressez-la dans un torchon pour qu'elle ne reste pas gorgée d'eau. Coupez le jambon en petites

lamelles. Mélangez la choucroute avec les pommes de terre, le jambon et les épices.

Conseil d'assaisonnement
Vinaigrette au vinaigre de miel (p. 156).
Conseil diététique
Inutile de consommer du pain, les pommes de terre sont un apport de féculents suffisant. La vinaigrette permet d'avoir un apport d'acides gras essentiels.

ENDIVES AUX FRUITS ET BLANC DE POULET

4 personnes **265 CAL/P**

600 g d'endives • 1 pomme • 1 banane • 1 citron • 40 g de noix de cajou • 2 oranges • 300 g d'escalopes de poulet • 30 à 40 brins de ciboulette • Sel, poivre blanc

Réalisation
Épluchez les endives et coupez-les finement. Pressez le citron. Coupez la pomme en cubes, la banane en rondelles et citronnez-les pour

éviter le noircissement. Concassez les noix de cajou. Pressez les oranges. Coupez en petites lamelles les escalopes de poulet et faites-les cuire à la poêle avec le jus d'orange, du sel et du poivre. Mélangez les cubes de pomme, les rondelles de banane, les fins morceaux d'endive puis répartissez le tout sur quatre assiettes. Disposez ensuite les morceaux de poulet cuits, parsemez de noix de cajou et de ciboulette ciselée.

Conseil d'assaisonnement

Vinaigrette huile de tournesol / vinaigre de cidre (p. 155) ou sauce à l'orange (p. 149).

Conseil diététique

Pensez à consommer un morceau de pain, mais diminuez votre consommation de fruit dans la journée, cette salade en contenant.

FOIES DE VOLAILLE EN SALADE

4 personnes **250 CAL/P**

400 g de foies de volaille • 400 g de figues fraîches • 400 g de mâche • 1/2 cuil. à café de vanille en poudre • Sel

Réalisation

Lavez soigneusement la mâche pour éliminer le sable. Épluchez les figues et coupez-les en quatre ou six quartiers en fonction de leur taille. Faites griller les foies de volaille au gril ou à la poêle à revêtement antiadhésif en les salant légèrement.

Dressez les assiettes : disposez la mâche, répartissez dessus les quartiers de figue, puis les foies de volaille tiédis, terminez en saupoudrant la vanille.

Conseil d'assaisonnement

Vinaigrette huile de colza / vinaigre balsamique (p. 155).

Conseil diététique

Pensez à consommer un morceau de pain.

FUSILLI AU CARPACCIO DE BŒUF AU POIVRE VERT

4 personnes **267 CAL/P**

120 g de fusilli crus • 300 g de filet de bœuf cru • 200 g de tomates cerise • 200 g de mâche • 1 citron • 1 cuil. à café de poivre vert • 20 brins de ciboulette • 20 à 25 feuilles de cerfeuil • Sel, poivre

Réalisation :

Faites cuire les pâtes à l'eau bouillante salée pendant 10 minutes et laissez-les refroidir. Débitez le bœuf en fines tranches. Coupez les tomates cerise en deux. Pressez le citron. Mixez le cerfeuil avec le poivre vert et le jus de citron. Versez les pâtes dans un plat creux. Mélangez la mâche, le bœuf, les tomates, le coulis. Disposez sur les pâtes, salez, poivrez, parsemez avec la ciboulette ciselée.

Conseil d'assaisonnement

Sauce citron à l'huile d'olive (p. 150).

Conseil diététique

Évitez de consommer du pain.

JAMBON CRU À LA MANGUE

4 personnes **200 CAL/P**

1 mangue • 400 g d'endives crues • 200 g de tomates • 200 g de fines tranches de jambon cru (type jambon de Parme) • 20 brins de ciboulette • Sel, poivre

Réalisation

Épluchez les endives et coupez-les en petites lamelles. Émincez la mangue. Coupez les tomates en quartiers. Faites de fines lanières avec les tranches de jambon. Ciselez la ciboulette. Sur quatre assiettes, répartissez les endives coupées et les lamelles de mangue, disposez autour les quartiers de tomate, salez, poivrez, parsemez avec la ciboulette, puis ajoutez les lanières de jambon cru.

Conseil d'assaisonnement

Vinaigrette huile de noix / vinaigre de framboise (p. 154).

Conseil diététique

Pensez à consommer un morceau de pain, cette salade ne contenant pas de féculents.

LANGUE DE VEAU EN SALADE

4 personnes **281 CAL/P**

500 g de langue de veau • 500 g de radis noir • 500 g de carottes • 20 brins de persil • Sel, poivre

Réalisation

Épluchez et coupez en petits morceaux le radis noir et les carottes, puis faites-les cuire à l'étouffée, salez et poivrez. Les légumes doivent rester légèrement croquants. Faites cuire la langue de veau à la vapeur. Ciselez le persil. Après cuisson, coupez la langue de veau en petits cubes ou en petites lamelles. Mélangez les légumes mi-cuits avec les morceaux de langue de veau. Servez tiède.

Conseil d'assaisonnement

Vinaigrette à l'échalote (p. 154).

Conseil diététique

Pensez à consommer un morceau de pain, puisque cette salade ne contient pas de féculents.

ŒUFS DE CAILLE SUR SALADE AU JAMBON

4 personnes **230 CAL/P**

16 œufs de caille • 120 g de jambon cru (fines tranches) • 200 g de salade verte (laitue, batavia) • 200 g de carottes • 1 pomme • 200 g de betterave crue

Réalisation

Faites durcir les œufs de caille, écalez-les et coupez-les en deux. Détaillez le jambon cru en fines lamelles. Lavez et essorez la salade verte, coupez-la en lanières. Râpez la pomme, les carottes, la betterave (attention, terminez par la betterave à cause de la couleur). Pour éviter que votre salade ait une couleur uniformément rouge, disposez les ingrédients directement sur les assiettes. Sur un lit de lanières de salade verte, disposez en trois petits tas, carottes râpées, pomme râpée, betterave râpée. Disposez ensuite les lamelles de jambon et les œufs de caille. Cela vous permet d'avoir une belle harmonie de couleurs.

Conseil d'assaisonnement
Sauce à l'orange (p. 149).
Conseil diététique
Pensez à consommer un morceau de pain avec cette salade.

PALETTE DE COULEURS AU JAMBON FUMÉ

4 personnes **159 CAL/P**

200 g de champignons de Paris • 1 pomme Starking • 1 petite botte de radis roses • 2 œufs • 2 oranges • 200 g de laitue • 200 g de jambon cuit fumé • 30 à 40 brins de ciboulette • Sel, poivre

Réalisation
Faites cuire les œufs 10 minutes, puis écalez-les. Pressez une orange, pelez la seconde à vif afin d'en dégager les quartiers sans la peau. Émincez les champignons de Paris, arrosez-les de jus d'orange, salez et poivrez. Coupez les radis roses en rondelles, la pomme en cubes, le jambon et la laitue en lanières, les œufs durs

en rondelles, coupez la ciboulette aux ciseaux. Disposez sur quatre assiettes les lanières de salade, ajoutez dessus les champignons émincés, les rondelles de radis rose, les cubes de pomme, les quartiers d'orange, les rondelles d'œuf dur, parsemez de ciboulette.

Conseil d'assaisonnement

Sauce yaourt à l'ail (p. 150) ou sauce à l'orange (p. 149).

Conseil diététique

Pensez à consommer un morceau de pain avec cette salade qui ne contient pas de féculents.

PISSENLITS AU POULET

4 personnes **165 CAL/P**

200 g de pissenlits • 400 g de blancs de poulet • 400 g de tomates cerise • 2 gousses d'ail • 100 g d'oignon • Sel, poivre

Réalisation

Faites cuire pendant 7 à 8 minutes à la vapeur les blancs de poulet et laissez-les refroidir, puis coupez-les en cubes ou en fines lanières. Lavez et préparez les pissenlits. Coupez en deux les tomates cerise. Épluchez l'ail et l'oignon, et hachez-les finement. Mélangez pissenlits, morceaux de poulet, tomates coupées, hachis d'oignon et d'ail, salez et poivrez.

Conseil d'assaisonnement

Sauce yaourt à l'ail (p. 150) ou vinaigrette huile de colza / vinaigre balsamique (p. 155).

Conseil diététique

Pensez à consommer un morceau de pain, cette salade ne contenant pas de féculents.

PORC À L'ANANAS

4 personnes **132 CAL/P**

400 g de filet mignon de porc • 200 g d'ananas frais • 200 g de salade verte • 20 brins de ciboulette • 1 cuil. à soupe de baies roses • Sel, poivre

Réalisation

Épluchez, lavez, essorez la salade verte, puis coupez-la en lanières et répartissez-la sur quatre assiettes. Concassez les baies roses. Coupez l'ananas et le porc en cubes. Faites-les revenir dans une poêle à revêtement antiadhésif avec les baies roses, sans ajouter de matière grasse. Salez et poivrez. Ciselez la ciboulette. Répartissez les cubes d'ananas et de porc tiédis sur la salade, puis saupoudrez de ciboulette ciselée.

Conseil d'assaisonnement

Sauce yaourt aux herbes utilisant de la ciboulette (p. 152) ou sauce citron à l'huile d'olive (p. 150).

Conseil diététique

Pensez à consommer un morceau de pain.

POT-AU-FEU EN SALADE

4 personnes **246 CAL/P**

400 g de bœuf cuit (type paleron) • 200 g de poireaux cuits • 200 g de navets cuits • 200 g de carottes cuites • 200 g de céleri rave cuit • 100 g de cornichons • Sel, poivre

Réalisation

Coupez la viande cuite, les légumes cuits et les cornichons en dés et/ou en rondelles. Mélangez le tout, salez et poivrez. Si vous n'avez pas de restes de pot-au-feu, mettez les légumes et la viande dans une casserole d'eau froide salée et faites cuire pendant 3 heures, puis refroidir pendant 2 heures avant de les préparer en salade.

Conseil d'assaisonnement

Sauce yaourt à l'ail (p. 150), sauce yaourt aux herbes en utilisant de la ciboulette (p. 152) ou sauce yaourt au miel (p. 152).

Conseil diététique

Pensez à consommer un morceau de pain.

RIZ ROUGE DE CAMARGUE AU POULET FUMÉ

4 personnes **256 CAL/P**

120 g de riz rouge de Camargue • 400 g de poulet fumé • 200 g de tomates cerise • 200 g de mâche • 8 à 10 feuilles de sauge fraîche • 2 cuil. à soupe de baies roses • Sel

Réalisation

Faites cuire le riz rouge à grande eau salée. Coupez en deux les tomates cerise. Ciselez finement la sauge. Coupez en petits dés le poulet fumé. Mélangez la mâche, le riz cuit avec les cubes de poulet fumé, les tomates cerise coupées en deux, la sauge ciselée, les baies roses.

Conseil d'assaisonnement

Sauce yaourt au Tabasco (p. 153) ou vinaigrette huile de tournesol / vinaigre de cidre (p. 155).

Conseil diététique

Inutile de consommer du pain, le riz rouge de Camargue constitue un apport de féculents.

RÔTI DE CANARD EN SALADE

4 personnes **72 CAL/P**

100 g de rôti de canard (tranches fines) • 100 g de mâche • 100 g de carottes râpées • 200 g de tomates • 20 brins de ciboulette

Réalisation

Râpez les carottes, coupez les tomates en cubes. Lavez et essorez la mâche, disposez-la sur quatre assiettes, répartissez dessus les carottes râpées et les cubes de tomate. Coupez les tranches de rôti de canard en lanières et disposez-les sur les légumes. Ciselez la ciboulette et parsemez-en chaque assiette.

Conseil d'assaisonnement

Vinaigrette huile de noix / vinaigre de framboise (p. 154).

Conseil diététique

Pensez à consommer moins de viande dans la suite de la journée.

SALADE AU JAMBON ET AUX CORNICHONS

4 personnes **139 CAL/P**

200 g de salade verte • 200 g de cornichons aigre-doux • 200 g de jambon dégraissé • 50 g de gruyère • 400 g de tomates • Sel, poivre

Réalisation

Épluchez et essorez la salade, détaillez-la en lanières. Coupez le jambon en fines lamelles. Coupez en rondelles les cornichons. Râpez le gruyère. Coupez en petits dés les tomates. Mélangez le tout dans un saladier, salez et poivrez.

Conseil d'assaisonnement

Sauce yaourt aux herbes en utilisant de la ciboulette (p. 152) ou vinaigrette huile de tournesol / vinaigre de cidre (p. 155).

Conseil diététique

Pensez à consommer un morceau de pain. Vous avez un apport de calcium avec la présence du gruyère.

SALADE AU LAPIN

4 personnes **221 CAL/P**

400 g de lapin désossé • 300 g de chou-fleur • 300 g de chou vert • 300 g de carottes • 2 feuilles de laurier • 1 branche de thym • 1 gousse d'ail • 1 oignon • 4 clous de girofle • Sel, poivre

Réalisation

Faites un court-bouillon avec le thym, le laurier, l'ail, l'oignon piqué avec les clous de girofle, du sel et du poivre. Coupez en lanières le chou vert, séparez les têtes du chou-fleur, coupez en rondelles les carottes épluchées, et ajoutez ces légumes au court-bouillon ainsi que le lapin désossé coupé en cubes. Faites cuirei 10 à 15 minutes afin que le lapin soit bien cuit. Égouttez, consommez tiède ou froid.

Conseil d'assaisonnement

Sauce yaourt à l'ail (p. 150) ou vinaigrette huile de colza / vinaigre balsamique (p. 155).

Conseil diététique

Pensez à consommer un morceau de pain.

SALADE D'ASPERGES ET DE JAMBON DE PARME

4 personnes **145 CAL/P**

400 g de pointes d'asperges cuites (fraîches ou en bocal) • 200 g de tomates • 200 g de petites courgettes (2 à 3 cm de diamètre) • 200 g de jambon de Parme en fines tranches

Réalisation

Lavez et essuyez les courgettes puis coupez-les en fines rondelles. Disposez sur quatre assiettes. Coupez les tomates en cubes et répartissez-les sur les courgettes. Disposez les pointes d'asperges sur les assiettes. Coupez le jambon de Parme en fines lamelles et déposez celles-ci sur les assiettes.

Conseil d'assaisonnement

Sauce yaourt aux herbes en utilisant de la ciboulette (p. 152).

Conseil diététique

Cette salade ne comportant pas de féculents, pensez à consommer un morceau de pain.

SALADE DE BACON FUMÉ

4 personnes **145 CAL/P**

300 g de fines tranches de bacon maigre • 200 g de carottes • 200 g de petites courgettes • 200 g de salade verte • 200 g de tomates cerise • 20 brins de ciboulette • 1 citron • Sel, poivre

Réalisation

Pressez le citron. Épluchez et râpez les carottes, arrosez-les de jus de citron, salez et poivrez. Râpez les courgettes. Coupez les tomates cerise en deux. Coupez en lanières la salade verte. Ciselez la ciboulette. Coupez le bacon en petites lamelles. Sur quatre assiettes, répartissez les lanières de salade, puis les carottes râpées, les courgettes râpées, les tomates cerise coupées en deux. Parsemez de ciboulette ciselée, puis disposez le bacon par-dessus.

Conseil d'assaisonnement

Sauce yaourt aux herbes en utilisant de la ciboulette (p. 152).

Conseil diététique

Pensez à consommer un morceau de pain.

SALADE DE CÈPES AU CANARD

4 personnes **190 CAL/P**

600 g de cèpes • 300 g de filet de canard dégraissé • 20 brins de persil • 4 gousses d'ail • 1 citron • 1 cuil. à soupe de baies roses • Sel

Réalisation

Pressez le citron. Concassez les baies roses dans un mortier. Pelez et coupez finement les gousses d'ail. Hachez le persil. Parez les champignons et faites-les cuire à l'étouffée avec le jus de citron, l'ail, la moitié du persil haché, les baies roses. Coupez en fines lamelles les filets de canard et faites-les dorer à la poêle sans matière grasse. Disposez les champignons cuits sur quatre assiettes et répartissez dessus les fines lamelles de canard dorées.

Conseil d'assaisonnement

Sauce yaourt au miel (p. 152) ou sauce yaourt au vinaigre de framboise (p. 153).

Conseil diététique

Pensez à consommer un morceau de pain.

SALADE DE FLEURS AU JAMBON DE PARME

4 personnes **190 CAL/P**

100 g de laitue • 100 g d'endive • 200 g de carottes • 200 g de poivron vert • 200 g de poivron rouge • 200 g de jambon de Parme • 15 à 20 fleurs de capucines jaunes et orange • 4 roses rouges • 4 roses blanches***Attention les fleurs ne doivent pas être traitées*** • 4 ou 5 branches de thym frais • 1 citron • 4 ou 5 gousses d'ail

Réalisation

Épluchez et lavez la laitue, coupez-la en fines lamelles, ainsi que l'endive. Pressez le citron. Râpez les carottes et citronnez-les. Détaillez en fines lanières les poivrons verts et rouges après avoir ôté les parties blanches et les graines. Taillez le jambon en fines tranches. Séparez les pétales de rose. Pressez les gousses d'ail, ajoutez-y les fleurs de thym. Mélangez la laitue, l'endive, les carottes râpées, les lanières de poivron, le mélange d'ail et de thym, puis répartissez sur quatre assiettes. Parsemez ensuite avec les pétales de rose et les fleurs de capucines, puis disposez les fines tranches de jambon de Parme.

Conseil d'assaisonnement

Sauce yaourt aux herbes en utilisant de la ciboulette (p. 152) ou sauce yaourt au miel (p. 152).

Conseil diététique

Pensez à consommer un morceau de pain. Les valeurs nutritionnelles des fleurs ont été estimées sur une moyenne des légumes.

SALADE DE GIROLLES AUX GÉSIERS

4 personnes **155 CAL/P**

400 g de girolles • 100 g de navets • 200 g de poireaux • 100 g de carottes • 100 g de salade verte • 300 g de gésiers frais (attention : n'utilisez pas de gésiers confits) • 20 à 30 brins de ciboulette • Sel, poivre

Réalisation

Pelez et râpez navets et carottes. Détaillez les poireaux en très fines rondelles. Parez les girolles. Faites cuire environ 8 à 10 minutes dans un faitout les girolles avec carottes, navets, poireaux, salez et poivrez. Coupez en petits morceaux les gésiers et faites-les dorer à la poêle. Répartissez le mélange de légumes encore tiède sur quatre assiettes et disposez dessus les morceaux de gésier dorés. Parsemez de ciboulette ciselée.

Conseil d'assaisonnement :
Sauce huile d'olive / vinaigre de xérès (p. 156) ou sauce yaourt au vinaigre de framboise (p. 153).
Conseil diététique :
Pensez à consommer un morceau de pain.

SALADE DE PÂTES AUX PETITS POIS ET À LA PASTÈQUE

4 personnes **220 CAL/P**

200 g de pâtes cuites (penne, tortis) • 280 g de petits pois extra fins • 300 g de dés d'épaule cuite • 400 g de pastèque • 20 belles feuilles de basilic

Réalisation

Coupez la pastèque en cubes en pensant à enlever les pépins. Égouttez les petits pois s'ils sont en boîte, laissez-les refroidir si vous les avez cuits. Mélangez les pâtes cuites refroidies avec les petits pois, la pastèque coupée, les dés d'épaule, puis ajoutez le basilic que vous aurez ciselé.

Conseil d'assaisonnement

Sauce citron à l'huile d'olive (p. 150).

Conseil diététique

Inutile de consommer du pain, les pâtes sont un apport de féculents suffisant.

SALADE DE PÂTES ET DE VOLAILLE AU CURRY

4 personnes **260 CAL/P**

400 g de blancs de volaille (dinde ou poulet) • 400 g de pâtes cuites (papillons, tortis, macaronis) • 400 g de tomates • 1 pomme • 200 g de courgettes • 1 cuil. à café de curry • Sel

Réalisation

Faites pocher la volaille dans de l'eau bouillante avec le curry et le sel pendant environ 20 minutes, laissez refroidir, puis coupez-la en petits morceaux. Coupez les tomates en cubes, détaillez la courgette en fines rondelles, râpez la pomme. Disposez les ingrédients dans un saladier et mélangez.

Conseil d'assaisonnement

Sauce yaourt aux herbes en utilisant de la ciboulette (p. 152).

Conseil diététique

Inutile de consommer du pain, les pâtes constituant un apport de féculents suffisant.

SALADE DE POIREAUX ET POMMES DE TERRE AU PORC

4 personnes **251 CAL/P**

600 g de poireaux • 400 g de pommes de terre • 100 g d'oignon • 400 g de filet mignon de porc • 2 branches de thym ou 2 cuil. à soupe de fleur de thym • 2 branches de romarin ou 2 cuil. à soupe de romarin • Sel, poivre

Réalisation

Émincez les poireaux et lavez-les soigneusement pour éliminer toute trace de terre. Épluchez et coupez en cubes les pommes de terre. Épluchez et émincez l'oignon. Dans une casserole, mettez ensemble les poireaux émincés, les cubes de pomme de terre, l'oignon coupé, le thym, le romarin, salez et poivrez, ajoutez un verre d'eau, couvrez et laissez cuire à feu doux. Pendant ce temps, coupez en fines lamelles le filet mignon de porc et faites-le griller à la poêle sans ajouter de matière grasse. Laissez tiédir le mélange de poireaux-pommes de terre, puis ajoutez les lamelles de porc grillées. Versez dans un saladier et servez tiède.

Conseil d'assaisonnement
Sauce yaourt aux herbes en utilisant du persil (p. 152).

Conseil diététique
Inutile de consommer du pain, les pommes de terre constituent un apport de féculents suffisant.

SALADE DE POULET AUX FRAMBOISES

4 personnes **128 CAL/P**

400 g de blancs de poulet • 100 g de framboises fraîches • 8 cuil. à soupe de vinaigre de framboise • 200 g de salade verte • 20 feuilles de menthe fraîche • 1 cuil. à soupe de baies de genièvre • Sel, poivre

Réalisation
Faites mariner les blancs de poulet avec le vinaigre de framboise et les baies de genièvre concassées, pendant environ 1 heure. Coupez les blancs de poulet en petites lamelles et passez-les à la poêle antiadhésive, arrosez de marinade. Répartissez la salade sur quatre assiettes,

disposez dessus les lamelles de poulet cuites. Hachez la menthe fraîche. Mélangez les framboises avec la menthe hachée, puis décorez-en les assiettes.

Conseil d'assaisonnement

Sauce yaourt au vinaigre de framboise (p. 153).

Conseil diététique

Pensez à consommer un morceau de pain avec cette salade, puisqu'elle ne comporte pas de féculents.

SALADE D'ESCARGOTS AUX CHAMPIGNONS

4 personnes **179 CAL/P**

400 g d'escargots nature • 100 g de mâche • 100 g de mesclun • 300 g de cèpes • 300 g de chanterelles • 10 g de noix fraîches • 1 gousse d'ail • Sel, poivre

Réalisation

Faites sauter à sec les champignons après les avoir bien lavés pour éliminer le sable. Pressez l'ail. Ajoutez-le ainsi que les escargots aux champignons et laissez cuire encore 5 à 6 minutes à feu doux. Répartissez les salades vertes lavées et essorées sur quatre assiettes. Hachez les noix. Répartissez la poêlée d'escargots aux champignons sur la salade verte, parsemez avec les noix, salez et poivrez.

Conseil d'assaisonnement

Vinaigrette huile de noix / vinaigre de framboise (p. 154).

Conseil diététique

Pensez à consommer un morceau de pain.

SALADE DE TOPINAMBOURS, ŒUFS DE CAILLE ET JAMBON FUMÉ

4 personnes **189 CAL/P**

600 g de topinambours cuits • 8 œufs de caille • 200 g de jambon fumé • 200 g de salade verte • Sel, cannelle

Réalisation

Coupez les topinambours en cubes. Faites

cuire les œufs de caille environ 4 minutes, laissez-les refroidir, puis écalez-les et coupez-les en deux. Émincez finement la salade verte ainsi que le jambon fumé. Mélangez les cubes de topinambour avec les lamelles de jambon, salez et ajoutez une cuillerée à café de cannelle en poudre. Disposez sur quatre assiettes les lamelles de salade, ajoutez le mélange topinambour-jambon, puis disposez sur chaque assiette quatre demi-œufs durs de caille.

Conseil d'assaisonnement

Sauce yaourt au miel (p. 152) ou vinaigrette huile d'olive / vinaigre de xérès (p. 156).

Conseil diététique

Avec le topinambour, vous avez une salade riche en glucides, mais pensez quand même à consommer un petit morceau de pain.

SALADE DE VOLAILLE AU CRESSON ET AU GINGEMBRE

4 personnes **180 CAL/P**

200 g de cresson • 400 g de blancs de volaille • 1 cuil. à café de gingembre en poudre • 20 g de sésame • 200 g de tomates cerise • 5 cl de sauce de soja • 2 cuil. à soupe de vinaigre de vin • Sel, poivre

Réalisation

Faites macérer pendant environ 1 heure les blancs de volaille dans un saladier avec la sauce de soja, le gingembre en poudre, le vinaigre, un peu de sel et de poivre. Coupez en fines lamelles les blancs de volaille et faites-les cuire dans une poêle à revêtement antiadhésif. Laissez caraméliser. Coupez les tomates cerise en deux. Disposez le cresson soigneusement lavé sur quatre assiettes. Ajoutez dessus les blancs de volaille caramélisés, puis les tomates cerise coupées. Parsemez avec le sésame.

Conseil diététique

Pensez à consommer un morceau de pain.

TABOULÉ À LA PASTÈQUE ET AUX CREVETTES

4 personnes **318 CAL/P**

100 g de semoule crue (fine ou moyenne) • 600 g de pastèque • 400 g de tomates • 400 g de crevettes décortiquées (fraîches, surgelées, en conserve) • 10 olives vertes • 1 citron vert • 2 cuil. à soupe d'huile d'olive • 1 botte de menthe fraîche • Sel, poivre

Réalisation

Faites gonfler la semoule avec 25 cl d'eau chaude. Coupez la pastèque en cubes en enlevant les pépins. Procédez de même avec les tomates. Dénoyautez les olives, coupez-les en rondelles. Pressez le citron vert. Ciselez la menthe. Mélangez l'huile d'olive avec la semoule gonflée, puis ajoutez le jus de citron, les morceaux de pastèque et de tomate, les crevettes, les olives en morceaux, la menthe, salez, poivrez.

Conseil diététique

Il est inutile de consommer du pain avec ce plat.

TABOULÉ AU CONCOMBRE ET AU THON

4 personnes **275 CAL/P**

100 g de semoule crue (fine ou moyenne) • 1 concombre moyen • 400 g de tomates • 1 botte de menthe fraîche • 280 g de thon au naturel (ou thon frais) • 10 olives noires • 1 citron • 2 cuil. à soupe d'huile d'olive • Sel, poivre

Réalisation

Faites gonfler la semoule avec 25 cl d'eau chaude. Coupez en cubes le concombre, les tomates, émiettez le thon. Dénoyautez les olives, coupez-les en rondelles ou en quatre. Pressez le citron. Hachez finement au couteau la menthe. Mélangez l'huile d'olive avec la semoule gonflée, puis ajoutez le jus de citron, le concombre, les tomates, le thon, les olives en morceaux, la menthe, salez, poivrez.

Conseil diététique

La semoule étant un féculent, il n'est pas nécessaire de consommer du pain. L'huile d'olive permet d'avoir un bon apport d'acides gras essentiels.

TABOULÉ AU CRABE ET AUX AGRUMES

4 personnes **345 CAL/P**

100 g de semoule crue • 400 g de miettes de crabe ou de pinces de crabe • 2 pamplemousses • 2 oranges • 400 g de tomates • 1 citron • 1/2 botte de menthe • 2 cuil. à soupe d'huile d'olive • 8 à 10 brins de persil • Sel, poivre

Réalisation

Faites gonfler la semoule avec 25 cl d'eau chaude. Pelez les agrumes à vif afin d'en dégager les quartiers sans peau. Coupez les tomates en cubes. Ciselez le persil et la menthe. Mélangez l'huile d'olive avec la semoule gonflée, puis ajoutez le jus du citron, les quartiers d'orange et de pamplemousse, le crabe émietté, les cubes de tomate, le hachis de menthe et de persil. Salez et poivrez.

Conseil diététique

Inutile de consommer du pain, la semoule est un apport de féculents suffisant. L'huile d'olive constitue un apport d'acides gras essentiels.

TABOULÉ AU MELON ET AUX QUEUES DE LANGOUSTE

4 personnes **295 CAL/P**

100 g de semoule crue (fine ou moyenne) • 600 g de melon • 400 g de tomates • 400 g de queues de langouste • 1 citron • 20 brins de persil • 2 cuil. à soupe d'huile d'olive • Sel, poivre

Réalisation

Faites gonfler la semoule avec 25 cl d'eau chaude. Coupez le melon et les tomates en petits dés. Les queues de langouste pourront être coupées ou laissées entières selon votre convenance. Hachez finement au couteau le persil. Mélangez l'huile d'olive avec la semoule gonflée, puis ajoutez le jus du citron, le hachis de persil, les dés de melon et de tomate. Ajoutez ensuite les queues de langouste, salez et poivrez.

Conseil diététique

Il n'est pas recommandé de prendre du pain, la semoule étant un apport de féculents suffisant. L'huile d'olive vous apporte les acides gras essentiels.

TABOULÉ AU POULPE ET AU CÉLERI BRANCHE

4 personnes **247 CAL/P**

100 g de semoule crue • 400 g de tomates • 400 g de céleri en branche • 400 g de poulpe frais • 2 cuil. à soupe d'huile d'olive • 1 citron • 20 brins de persil • Sel, poivre

Réalisation

Faites gonfler la semoule avec 25 cl d'eau chaude. Faites cuire le poulpe à grande eau, en prenant soin de le mettre à cuire dans l'eau froide pour qu'il ne soit pas caoutchouteux. Coupez les tomates en cubes, le céleri branche et le poulpe refroidi en morceaux. Ciselez le persil. Pressez le citron. Mélangez l'huile d'olive avec la semoule gonflée, puis ajoutez le jus de citron, les cubes de tomate, les morceaux de céleri, les morceaux de poulpe et le hachis de persil. Salez et poivrez.

Conseil diététique

La pain est superflu. L'huile d'olive permet d'avoir un apport d'acides gras essentiels.

TABOULÉ AU SAUMON FRAIS ET AU FENOUIL

4 personnes **353 CAL/P**

100 g de semoule crue • 600 g de fenouil • 400 g de tomates • 400 g de saumon frais (2 grands pavés) • 1 citron • 2 cuil. à soupe d'huile d'olive • 6 à 8 branches d'aneth • 6 à 8 brins de persil • Sel, muscade

Réalisation

Faites gonfler la semoule avec 25 cl d'eau chaude. Faites cuire le saumon frais à la vapeur pendant 10 minutes. Coupez les tomates et le fenouil en cubes. Pressez le citron. Après avoir laissé refroidir le saumon, émiettez-le en ôtant les arêtes. Ciselez l'aneth et le persil. Mélangez l'huile d'olive avec la semoule gonflée, puis ajoutez le jus de citron, les cubes de tomate et de fenouil, ainsi que les miettes de saumon. Assaisonnez avec le hachis de persil et d'aneth, salez et ajoutez de la muscade.

Conseil diététique

Il est inutile de prendre du pain.

TABOULÉ AU SAUMON FUMÉ ET AUX RADIS ROSES

4 personnes **285 CAL/P**

100 g de semoule crue • 400 g de tomates • 240 g de saumon fumé • 1 botte de radis • 2 cuil. à soupe d'huile d'olive • 20 brins de persil • 1 citron vert • Sel, muscade

Réalisation

Faites gonfler la semoule avec 25 cl d'eau chaude. Coupez les fanes des radis, lavez les radis et coupez-les en fines rondelles. Coupez les tomates en cubes, détaillez le saumon fumé en fines lamelles. Hachez finement au couteau le persil. Pressez le citron. Mélangez l'huile d'olive et le jus de citron avec la semoule gonflée, ajoutez les rondelles de radis, les cubes de tomate, les lanières de saumon fumé et le hachis de persil. Salez et ajoutez de la muscade.

Conseil diététique

Inutile de consommer du pain, la semoule est un apport de féculents suffisant. L'huile d'olive permet d'avoir un apport d'acides gras essentiels.

TABOULÉ AUX MOULES, AUX POMMES ET AU BASILIC

4 personnes **340 CAL/P**

100 g de semoule crue • 800 g de tomates • 2 pommes type Golden ou Granny Smith • 400 g de moules décortiquées cuites • 2 cuil. à soupe d'huile d'olive • 10 olives noires • 1 citron • 1 botte de basilic • Sel, poivre

Réalisation

Faites gonfler la semoule avec 25 cl d'eau chaude. Coupez les tomates et les pommes en cubes. Hachez finement au couteau le basilic. Dénoyautez les olives et coupez-les en rondelles, ou en quatre. Pressez le citron. Mélangez l'huile d'olive avec la semoule gonflée, puis ajoutez les cubes de pomme et de tomate, les rondelles d'olive, les moules décortiquées, le hachis de basilic et le jus de citron. Salez et poivrez.

Conseil diététique

Inutile de consommer du pain, car la semoule est un apport de féculents.

TABOULÉ AUX PÉTONCLES ET AUX COURGETTES

4 personnes **315 CAL/P**

100 g de semoule crue • 400 g de pétoncles décortiquées et cuites • 400 g de tomates • 400 g de courgettes • 2 cuil. à soupe d'huile d'olive • 4 ou 5 figues fraîches moyennes • 1 botte de menthe • Sel, poivre

Réalisation

Faites gonfler la semoule avec 25 cl d'eau chaude. Coupez les tomates en cubes. Râpez les courgettes. Épluchez et coupez les figues en 6 à 8 morceaux chacune. Hachez finement la menthe au couteau. Mélangez l'huile d'olive avec la semoule gonflée, puis ajoutez les cubes de tomate, les courgettes râpées, les morceaux de figue, le hachis de menthe et les pétoncles décortiquées. Salez et poivrez.

Conseil diététique

Inutile de consommer du pain avec ce plat, la semoule étant un apport de féculents suffisant. L'huile d'olive permet d'avoir un apport en acides gras essentiels.

TABOULÉ NATURE

4 personnes **178 CAL/P**

100 g de semoule crue (fine ou moyenne) • 400 g de tomates • 1 concombre moyen • 1 petite pomme • 20 g de raisins secs • 20 olives noires • 2 cuil. à soupe d'huile d'olive • 1 citron 20 branches de menthe fraîche • Sel, poivre

Réalisation

Faites gonfler la semoule avec 25 cl d'eau chaude. Coupez en cubes le concombre, les tomates et la pomme. Dénoyautez les olives, coupez-les en rondelles ou en quatre. Pressez le citron. Hachez finement au couteau la menthe. Mélangez l'huile d'olive avec la semoule gonflée, puis ajoutez le jus de citron, le concombre, la tomate, la pomme, les raisins secs, les olives en morceaux, la menthe, salez et poivrez. Servez frais.

Conseil diététique

Inutile de consommer du pain, la semoule est un apport de féculents suffisant. L'huile d'olive offre l'apport en acides gras essentiels.

SALADES DE LÉGUMES ET DE CÉRÉALES

CAROTTES CUITES À LA CORIANDRE

4 personnes **39 CAL/P**

400 g de carottes • 1 citron • 1 cuil. de coriandre en poudre • Sel

Réalisation

Pressez le citron. Épluchez les carottes et coupez-les en rondelles ou en petits bâtonnets. Faites-les cuire à feu doux avec le jus de citron, la coriandre en poudre et une pincée de sel, jusqu'à ce qu'elles soient tendres. Versez-les dans un saladier et laissez-les refroidir avant de les assaisonner.

Conseil d'assaisonnement

Sauce yaourt aux herbes en utilisant de la ciboulette (p. 152).

Conseil diététique

Cette salade constitue une entrée hypocalorique.

BETTERAVES ET MÂCHE EN SALADE

4 personnes **45 CAL/P**

200 g de betteraves crues • 100 g de mâche • 1 œuf • 3 ou 4 branches d'estragon • Sel, poivre

Réalisation

Épluchez et râpez les betteraves. Lavez les feuilles de mâche et mélangez-les avec les betteraves râpées, salez et poivrez. Faites durcir l'œuf, puis laissez-le refroidir. Dès qu'il est froid, moulinez-le. Hachez au couteau l'estragon. Répartissez le mélange de betterave et de mâche sur quatre assiettes, parsemez l'estragon haché et l'œuf mouliné.

Conseil d'assaisonnement

Sauce yaourt aux herbes en utilisant de l'estragon (p. 152).

Conseil diététique

Cette recette d'entrée est très peu calorique, vous pouvez donc prévoir un plat plus nourrissant.

CARPACCIO DE CONCOMBRE À LA MENTHE

4 personnes **30 CAL/P**

600 g de concombre • 1 botte de menthe fraîche • 1 yaourt à 0 % • Sel, poivre

Réalisation

Émincez finement le concombre à l'aide d'un robot ménager de préférence. Hachez finement au couteau la menthe fraîche, ajoutez ce hachis au yaourt, salez, poivrez. Répartissez les lamelles de concombre sur quatre assiettes, et arrosez-les de sauce à la menthe.

Conseil diététique

Avec cette recette, vous avez une entrée très hypocalorique. Pensez-y en composant votre menu.

CARPACCIO DE MELON

4 personnes **55 CAL/P**

600 g de melon • 20 brins de persil • 1/2 cuil. à café de muscade • Sel

Réalisation

Coupez le melon, enlevez les pépins, puis émincez finement à l'aide d'un robot ménager de préférence.
Hachez au couteau le persil. Disposez les lamelles de melon sur quatre assiettes, salez, saupoudrez de muscade et de hachis de persil.

Conseil diététique

Comme tous les carpaccios de légumes, ce plat apporte peu de calories. Vous pouvez donc composer un menu avec un plat principal plus riche.

CARPACCIO DE TOMATE AU BASILIC

4 personnes **35 CAL/P**

600 g de tomates • 20 feuilles de basilic • 1 citron • Sel, poivre

Réalisation

Émincez finement les tomates. Pressez le citron. Mixez le basilic avec le jus de citron, salez et poivrez. Répartissez les tomates émincées sur quatre assiettes et arrosez avec le jus de citron.

Conseil d'assaisonnement

Ajoutez un filet d'huile d'olive, 1/2 à 1 cuillerée à soupe au maximum par personne.

Conseil diététique

L'ajout d'huile d'olive permet d'avoir un apport d'acides gras essentiels.

CÉRÉALES EN SALADE

4 personnes **209 CAL/P**

50 g de quinoa cru • 50 g de riz rouge de Camargue • 50 g de riz blanc • 50 g de blé • 200 g de tomates • 200 g de carottes • 20 brins de persil • 20 brins de ciboulette • Sel, poivre, muscade

Réalisation

Faites cuire les céréales à grande eau salée, puis laissez refroidir. Ébouillantez les tomates, pelez-les et épépinez-les, puis coupez la chair en tout petits cubes. Râpez les carottes. Ciselez le persil et la ciboulette. Mélangez les ingrédients, salez, poivrez, ajoutez de la muscade.

Conseil d'assaisonnement

Vinaigrette huile de noix / vinaigre de framboise (p. 154) ou sauce yaourt aux herbes en utilisant de l'ail (p. 152).

Conseil diététique

Les différentes céréales sont des féculents, donc ne consommez pas de pain. Cette salade est à accompagner d'un poisson ou d'une viande grillés.

CHOU AU GINGEMBRE

4 personnes **81 CAL/P**

800 g de chou blanc ou chou de Pékin • 20 g d'amandes • 1 petit piment • 1 petit morceau de gingembre frais • 1 cuil. à soupe de moutarde • 3 cuil. à soupe de vinaigre de cidre • 2 cuil. à soupe de sel

Réalisation

Lavez les feuilles de chou, égouttez-les et coupez-les en lanières de 4 à 6 cm de longueur. Ajoutez le sel, le vinaigre, mélangez et laissez reposer 2 heures. Hachez finement le gingembre, mixez le piment avec la moutarde. Au bout des 2 heures, pressez le chou, ajoutez le gingembre haché, le piment mixé, laissez à nouveau reposer 2 heures. Au moment de servir, ajoutez les amandes grossièrement hachées.

Conseil d'assaisonnement

Sauce yaourt aux herbes en utilisant du persil (p. 152).

Conseil diététique

Vous pouvez servir cette salade en accompagnement d'une viande ou d'un poisson grillé. Pensez à consommer un morceau de pain.

CHOU-FLEUR CRU EN SALADE

4 personnes **55 CAL/P**

800 g de chou-fleur cru • 200 g d'oignon • 20 brins de ciboulette • Sel, muscade

Réalisation

Coupez le chou-fleur en petits bouquets, émincez l'oignon, ciselez la ciboulette. Mélangez le tout, salez et ajoutez de la muscade.

Conseil d'assaisonnement

Sauce yaourt aux herbes aux herbes en utilisant de la ciboulette (p. 152).

Conseil diététique

Avec cette recette, vous avez une salade très hypocalorique, elle est à accompagner d'une viande ou d'un poisson grillé. N'oubliez pas de consommer un morceau de pain.

COLESLOW

4 personnes **85 CAL/P**

600 g de chou vert • 400 g de carottes • 200 g de fromage blanc à 0 % • 1 cuil. à café de coriandre en poudre • 20 brins de persil frais • Sel, poivre

Réalisation

Coupez en très fines lamelles le chou, râpez les carottes. Ciselez finement le persil. Mélangez au fromage blanc la coriandre, le persil ciselé, salez et poivrez. Mélangez les légumes dans un saladier et ajoutez la sauce au fromage blanc.

Conseil diététique

Pensez à consommer un morceau de pain. Servez cette salade avec une viande ou un poisson grillé.

COURGETTES À LA MENTHE

4 personnes **68 CAL/P**

1 kg de petites courgettes • 1 botte de menthe • 2 gousses d'ail • 1 citron • Sel, poivre

Réalisation

Lavez, essuyez les courgettes et râpez-les. Épluchez les gousses d'ail et mixez-les avec le jus du citron, salez et poivrez. Coupez finement au couteau les feuilles de menthe. Mélangez le tout.

Conseil d'assaisonnement

Vinaigrette huile de tournesol / vinaigre de cidre (p. 155) ou sauce yaourt aux herbes en utilisant de la menthe (p. 152).

Conseil diététique

Avec cette recette, vous avez une salade très hypocalorique, elle est à accompagner d'une viande ou d'un poisson grillé. N'oubliez pas de consommer un morceau de pain.

FENOUIL À L'ORANGE

4 personnes **52 CAL/P**

400 g de fenouil • 2 oranges • 1/2 cuil. à café de cannelle • Sel

Réalisation

Coupez finement le fenouil. Pelez les oranges à vif afin d'en dégager les quartiers sans peau. Mélangez le fenouil émincé avec les quartiers d'orange, ajoutez sel et cannelle, mélangez bien et servez frais.

Conseil diététique

Cette recette constitue une entrée très peu calorique.

LÉGUMES SECS EN SALADE

4 personnes **172 CAL/P**

50 g de lentilles vertes du Puy • 50 g de lentilles corail • 50 g de haricots rouges secs • 50 g de pois chiches crus • 200 g de salade verte • 20 brins de coriandre • Sel, poivre • 1 cuil. à café de cumin en poudre

Réalisation

Faites cuire les légumes secs séparément, puis laissez-les refroidir. Coupez en fines lanières la salade verte. Ciselez la coriandre. Mélangez les différentes céréales, salez, poivrez, ajoutez la coriandre ciselée et le cumin en poudre.

Conseil d'assaisonnement

Sauce yaourt aux épices en utilisant du cumin (p. 151) ou vinaigrette huile de colza / vinaigre balsamique (p. 155).

Conseil diététique

Ne prenez pas de pain, les différents légumes secs représentent un important apport de féculents. Consommez cette salade avec une viande ou un poisson grillé.

PAMPLEMOUSSE EN SALADE

4 personnes **115 CAL/P**

3 pamplemousses • 100 g de fromage blanc à 0 % • 1/2 cuil. à café de moutarde forte • 1 cuil. à soupe d'huile d'olive • 20 brins de ciboulette • Sel, poivre

Réalisation

Pelez les pamplemousses à vif afin d'en dégager les quartiers sans peau, coupez en quatre les quartiers ainsi obtenus. Ciselez la ciboulette. Mélangez le fromage blanc avec l'huile d'olive, la moutarde, la ciboulette, salez et poivrez, puis mélangez avec les morceaux de pamplemousse. Servez bien frais.

POIVRONS CUITS AU BASILIC EN SALADE

4 personnes **93 CAL/P**

2 poivrons verts • 2 poivrons jaunes • 2 poivrons rouges • 2 gousses d'ail • 100 g d'oignons • 20 feuilles de basilic • Sel, poivre

Réalisation

Coupez les poivrons en lamelles, les oignons en cubes, émincez finement l'ail. Coupez au couteau le basilic. Versez ces légumes dans une casserole, salez et poivrez. Faites cuire à feu doux, pendant 30 minutes environ. Laissez refroidir avant d'assaisonner.

Conseil d'assaisonnement

Sauce citron à l'huile d'olive (p. 150).

Conseil diététique

Cette salade très hypocalorique peut accompagner une viande ou un poisson grillé. N'oubliez pas de consommer un morceau de pain.

RATATOUILLE EN SALADE

4 personnes **68 CAL/P**

400 g de tomates • 1 aubergine • 400 g de courgettes • 1 poivron jaune • 200 g de fenouil • 100 g d'oignons • Thym, romarin • Sel, poivre

Réalisation

Lavez et essuyez tous les légumes et coupez-les en cubes, hachez l'oignon. Versez-les dans une casserole, salez, poivrez, ajoutez un peu de thym et de romarin et faites-les cuire à feu doux, pendant 35 à 40 minutes. Laissez refroidir.

Conseil d'assaisonnement

Sauce citron à l'huile d'olive (p. 150).

Conseil diététique

Cette salade très hypocalorique accompagne très bien une viande ou un poisson grillé. N'oubliez pas de consommer un morceau de pain.

SALADE AU QUINOA

4 personnes **286 CAL/P**

150 g de quinoa cru • 300 g de tofu • 400 g de brocoli • 200 g de carottes • 20 brins de persil • Sauce de soja • Sel, poivre

Réalisation

Rincez les graines de quinoa, mettez-les dans deux fois leur volume d'eau froide, portez à ébullition, puis couvrez et laissez cuire à feu doux 10 à 15 minutes. Faites cuire à la vapeur le brocoli. Râpez les carottes. Coupez en petits cubes le tofu. Ciselez le persil. Mélangez tous les ingrédients, salez et poivrez, ajoutez quelques gouttes de sauce de soja.

Conseil diététique

Inutile de consommer du pain, avec le quinoa, vous avez un apport de féculents.

SALADE D'AUTOMNE

4 personnes **194 CAL/P**

200 g de châtaignes cuites et épluchées • 300 g de champignons (de Paris, cèpes, pieds de mouton, chanterelles) • 200 g de salade verte • 100 g d'oignons • 10 noix fraîches • 20 brins de ciboulette • Sel, poivre

Réalisation

Lavez soigneusement les champignons, émincez-les et faites-les cuire à la poêle antiadhésive sans corps gras. Coupez finement la salade verte. Épluchez les oignons, hachez-les ainsi que les noix. Ciselez la ciboulette. Mélangez les châtaignes épluchées avec les champignons cuits, ajoutez le hachis d'oignon et la ciboulette ciselée. Salez et poivrez ce mélange. Disposez les lanières de salade sur quatre assiettes et répartissez dessus le mélange de châtaignes et de champignons. Parsemez avec le hachis de noix.

Conseil d'assaisonnement

Vinaigrette huile de noix / vinaigre de framboise

(p. 154) ou sauce yaourt au vinaigre de framboise (p. 153).

Conseil diététique

Pensez à consommer un morceau de pain avec cette salade.

SALADE DE CHAMPIGNONS DE PARIS

4 personnes **42 CAL/P**

300 g de champignons de Paris crus et parés • 2 citrons • 100 g de petits oignons blancs • 1 gousse d'ail • 20 brins de persil • Sel, poivre, muscade

Réalisation

Pressez les citrons. Émincez finement les champignons de Paris et citronnez-les rapidement pour qu'ils ne noircissent pas. Hachez l'ail avec le persil et ajoutez-y sel, poivre et muscade. Coupez les oignons en fines rondelles. Mélangez tous les ingrédients dans un saladier.

Conseil d'assaisonnement

Sauce yaourt aux herbes en utilisant du persil

(p. 152).

Conseil diététique

Attention, les champignons crus peuvent entraîner des ballonnements.

SALADE DE MANGUE AU PIMENT

4 personnes **125 CAL/P**

2 mangues de taille moyenne • 1 petit piment frais • 1 citron vert • 100 g de petits oignons blancs • 100 g de salade verte • Sel

Réalisation

Lavez et essorez la salade verte, puis coupez-la en lanières. Coupez en fines rondelles les oignons blancs. Pressez le citron vert. Mixez ce jus avec le piment et ajoutez un peu de sel. Coupez les mangues de part et d'autre du noyau. Épluchez chaque moitié puis détaillez-les en lamelles. Mettez les lamelles de mangues avec le jus de citron au piment dans un saladier et mélangez délicatement. Répartissez la salade sur quatre assiettes, ajoutez dessus les rondelles d'oignon, puis le mélange de mangue.

Conseil d'assaisonnement
Sauce yaourt au Tabasco (p. 153).
Conseil diététique
Avec cette recette, vous avez un apport de fruits important, pensez à supprimer un fruit dans votre menu de la journée.

SALADE DE POIS CHICHES AUX ÉPICES

4 personnes **190 CAL/P**

400 g de pois chiches cuits à l'eau et égouttés • 1/2 cuil. à café de cumin en poudre • 1/2 cuil. à café de piment en poudre • 1/2 cuil. à café de paprika • 1 pointe de couteau de coriandre en poudre • 1 pointe de couteau de poivre de Cayenne • 2 cuil. à soupe d'huile d'olive • 24 brins de persil

Réalisation
Versez les pois chiches dans un saladier. Mélangez les épices avec l'huile d'olive, arrosez-en les pois chiches cuits. Ciselez le persil,

parsemez-le sur la salade.

Conseil d'assaisonnement
Éventuellement une sauce yaourt aux herbes en utilisant du persil (p. 152).

Conseil diététique
Inutile de consommer du pain, les pois chiches sont un apport de féculents suffisant. L'huile d'olive permet d'avoir un apport d'acides gras essentiels.

SALADE DE RADIS ROSES

4 personnes **20 CAL/P**

1 botte de radis roses • Quelques feuilles de laitue • 20 brins de persil • 20 brins de ciboulette • 1/2 cuil. à café de cumin en poudre • Sel

Réalisation
Parez les radis, lavez-les, puis coupez-les en rondelles. Coupez finement au couteau le persil et la ciboulette, ajoutez aux radis, salez et ajoutez le cumin en poudre, mélangez le tout. Répartissez la salade verte lavée sur quatre

assiettes, sans couper les feuilles, puis disposez dessus le mélange de radis.

Conseil d'assaisonnement
Sauce yaourt aux herbes en utilisant de la ciboulette (p. 152).
Conseil diététique
Cette entrée est très hypocalorique, tenez-en compte dans la composition de votre menu.

SALADE DE RIZ AU GRAIN D'OR

4 personnes **298 CAL/P**

120 g de riz cru • 300 g de carottes • 1 poivron rouge ou vert • 1 pomme type Granny Smith • 140 g de petits pois extra fins cuits (frais, surgelés, en conserve) • 1 citron • 100 g d'oignons frais • 50 g de raisins secs • 20 noix de cajou • 1 dose de safran • Sel, poivre

Réalisation
Faites gonfler les raisins secs dans de l'eau tiède. Faites cuire le riz 20 minutes dans de l'eau bouillante salée additionnée du safran.

Égouttez-le et poivrez-le. Rincez le citron à l'eau chaude, coupez-le en deux, prélevez le jus d'un demi-citron, coupez l'autre moitié en très fines lamelles. Épluchez les carottes et coupez-les en bâtonnets ou râpez-les. Découpez la chair du poivron en dés. Pelez la pomme et coupez-la en dés. Épluchez et émincez les oignons. Versez tous ces légumes dans un saladier, ajoutez les raisins égouttés, ainsi que les petits pois. Parsemez avec les noix de cajou et servez sans attendre.

Conseil d'assaisonnement

Sauce yaourt au miel (p. 152).

Conseil diététique

Ne consommez pas de pain, le riz est un apport de féculents suffisant.

SALADE VERTE À L'ORANGE

4 personnes **45 CAL/P**

100 g de laitue • 100 g de scarole • 2 oranges • 20 feuilles d'oseille • Sel, muscade

Réalisation

Lavez et épluchez la laitue et la scarole, coupez-les en fines lanières. Pelez les oranges à vif, afin de pouvoir dégager les quartiers d'orange sans peau, puis coupez les quartiers en deux ou trois petits morceaux. Coupez finement au couteau l'oseille. Mélangez les lanières de salade avec les morceaux d'orange et l'oseille, salez et ajoutez de la muscade.

Conseil d'assaisonnement

Sauce citron à l'huile d'olive (p. 150).

Conseil diététique

Voici encore une entrée très peu calorique ; en l'assaisonnant avec de l'huile d'olive, vous avez un apport d'acides gras essentiels.

TOMATES AUX PIMENTS

4 personnes **57 CAL/P**

600 g de tomates • 1 piment vert • 1 citron vert • 2 gousses d'ail • 10 brins de coriandre • 2 cuil. à soupe d'huile d'olive • Sel, poivre

Réalisation

Pressez le citron. Hachez finement le piment, l'ail et la coriandre. Mélangez-les avec le jus de citron et l'huile d'olive, salez et poivrez. Coupez les tomates en fines lamelles, disposez-les en rosaces dans quatre assiettes et versez dessus la sauce au citron pimentée.

Conseil diététique

Servez cette salade avec un poisson ou une viande. Pensez à consommer un morceau de pain pour l'apport de féculents.

RIZ CANTONNAIS EN SALADE

4 personnes **252 CAL/P**

120 g de riz cru • 150 g de dés d'épaule de porc cuite • 2 œufs • 280 g de petits pois extra fins • Sel, poivre, muscade

Réalisation

Faites cuire le riz dans de l'eau bouillante salée pendant 10 à 20 minutes. Égouttez les petits pois. Battez les œufs en omelette avec du sel et du poivre, faites-la cuire dans une poêle à revêtement antiadhésif et laissez-la refroidir. Coupez l'omelette en fines lamelles. Mélangez le riz cuit avec les dés d'épaule, les petits pois, les lanières d'omelette, salez, poivrez et ajoutez de la muscade.

Conseil d'assaisonnement

Vinaigrette huile de tournesol / vinaigre de cidre (p. 155).

Conseil diététique

Inutile de consommer du pain, le riz est un apport de féculents suffisant.

ÉMINCÉ DE ROQUEFORT AUX NOIX

4 personnes **125 CAL/P**

200 g de salade verte (laitue, scarole) • 70 g de roquefort • 1 cuil. à soupe d'huile de noix • 1 citron • 1 pomme • Sel, muscade

Réalisation

Lavez, épluchez la salade et détaillez-la en fines lanières, puis répartissez-la sur quatre assiettes. Épluchez la pomme et coupez-la en petits cubes. Émiettez le roquefort. Pressez le citron. Mélangez le jus obtenu avec l'huile de noix, un peu de sel et de muscade. Répartissez sur la salade les cubes de pomme, les miettes de roquefort et la sauce au citron.

Conseil diététique

Inutile de consommer fromage ou laitage en fin de repas, le roquefort permet d'avoir un apport en calcium.

L'huile de noix apporte, quant à elle, des acides gras essentiels.

MOZZARELLA D'ÉTÉ

4 personnes **250 CAL/P**

375 g de mozzarella allégée • 600 g de tomates • 300 g de melon épluché et épépiné • 300 g de petites courgettes • 20 grandes feuilles de basilic

Réalisation

Pelez, épépinez les tomates et coupez-les en cubes. Détaillez les courgettes en fines rondelles. Prélevez la chair du melon avec une cuillère parisienne pour former des billes. Coupez la mozzarella en lamelles ou en cubes. Hachez le basilic. Mélangez les ingrédients dans un saladier.

Conseil d'assaisonnement

Sauce yaourt au citron (p. 151).

Conseil diététique

Pensez à consommer un morceau de pain.

SALADE DE FENOUIL AU CHÈVRE

4 personnes **265 CAL/P**

600 g de fenouil • 100 g de chèvre frais • 100 g de chèvre demi-sec • 200 g de salade verte (laitue, batavia, trévise) • 20 g de noisettes sèches • Sel, poivre

Réalisation

Émincez en fines lamelles le fenouil. Coupez les fromages de chèvre en cubes. Hachez les noisettes et faites-les légèrement griller dans une poêle à revêtement antiadhésif sans ajouter de corps gras. Coupez la salade en lanières. Mélangez les lanières de salade et de fenouil, salez, poivrez. Répartissez le mélange sur quatre assiettes, puis ajoutez les cubes de fromage de chèvre, parsemez de noisettes hachées et grillées.

Conseil d'assaisonnement

Sauce yaourt aux herbes en utilisant de l'aneth (p. 152).

Conseil diététique

Pensez à consommer du pain, pour avoir un apport de féculents.

TOASTS DE CAMEMBERT SUR LIT DE SALADE

4 personnes **160 CAL/P**

200 g de salade (scarole, laitue) • 4 tranches de pain de mie • 1/2 camembert • 10 noisettes décortiquées

Réalisation

Épluchez, lavez, essorez la salade et coupez-la en fines lanières. Coupez les tranches de pain de mie en quatre. Coupez le camembert en seize petites tranches, et disposez-les sur les seize morceaux de pain de mie. Passez les toasts de camembert sous le gril, pour faire fondre le fromage. Concassez légèrement les noisettes. Répartissez la salade dans quatre assiettes, disposez sur chaque assiette quatre toasts au camembert tièdes, puis saupoudrez avec les noisettes concassées.

Conseil d'assaisonnement

Sauce yaourt aux herbes en utilisant de la ciboulette (p. 152).

Conseil diététique

Inutile de consommer fromage ou laitage en fin de repas, le camembert permet d'avoir un apport en calcium.
Pensez à consommer moins de pain ou de féculents, le pain de mie étant un apport de féculents.

TOASTS AU CHÈVRE À LA CANNELLE SUR LIT DE MÂCHE

4 personnes **160 CAL/P**

200 g de mâche • 4 tranches de pain de mie • 2 crottins de Chavignol de 50 g chacun • 1/2 cuil. à café de cannelle

Réalisation

Coupez les tranches de pain de mie en quatre. Coupez les crottins de Chavignol en huit, afin d'obtenir seize rondelles et disposez-les sur les morceaux de pain de mie, saupoudrez chaque morceau de fromage d'un peu de cannelle et faites dorer au gril. Disposez la mâche sur quatre assiettes, répartissez sur chacune quatre toasts au crottin de Chavignol.

Conseil d'assaisonnement

Sauce yaourt aux épices en utilisant de la cannelle (p. 151).

Conseil diététique

Inutile de consommer fromage ou laitage en fin de repas, le crottin permet d'avoir un apport en calcium.

Pensez à consommer moins de pain ou de féculents, le pain de mie étant un apport de féculents.

AGRUMES À LA MENTHE

4 personnes **120 CAL/P**

600 g d'oranges • 2 pamplemousses • 1 citron vert • 1 branche de menthe fraîche • 2 cuil. à soupe rases d'aspartam

Réalisation

Pelez les agrumes à vif, afin de pouvoir en dégager les quartiers sans peau. Coupez les quartiers en deux ou quatre pour obtenir des morceaux égaux. Mélangez les quartiers de fruit, ajoutez l'aspartam. Lavez la menthe et hachez-la finement puis ajoutez au mélange de fruits. Faites rafraîchir 2 heures avant de servir.

CARPACCIO D'AGRUMES À LA CANNELLE

4 personnes **94 CAL/P**

2 pamplemousses roses • 2 oranges • 2 citrons verts • 1 à 2 cuil. à soupe d'aspartam • 1 cuil. à café de cannelle

Réalisation

Pelez à vif les pamplemousses, les oranges et les citrons verts, puis coupez de fines tranches dans les agrumes ainsi pelés. Mélangez l'aspartam avec la cannelle en poudre. Répartissez sur quatre assiettes les tranches d'agrumes, saupoudrez avec le mélange cannelle/aspartam. Servez frais.

CARPACCIO D'ANANAS À LA FLEUR D'ORANGER

4 personnes **75 CAL/P**

600 g d'ananas • 4 cuil. à soupe d'essence de fleur d'oranger • 1 à 2 cuil. à soupe d'aspartam

Réalisation

Ôtez l'écorce de l'ananas, coupez la chair en fines lamelles en enlevant la partie fibreuse du cœur. Répartissez ces lamelles sur quatre assiettes. Mélangez l'essence de fleur d'oranger avec l'aspartam, puis versez sur les quatre assiettes d'ananas. Servez frais.

CARPACCIO DE MELON À LA MENTHE

4 personnes **86 CAL/P**

400 g de melon jaune • 400 g de melon de Cavaillon • 200 g de groseilles • 20 feuilles de menthe fraîche • 1 cuil. à soupe d'aspartam

Réalisation

Coupez de fines lamelles de melon avec un couteau économe. Mélangez les lamelles de melon et les groseilles, ajoutez l'aspartam. Ciselez finement la menthe fraîche et parsemez-en les fruits. Servez bien frais.

CARPACCIO DE PÊCHES ET DE BRUGNONS AU GINGEMBRE

4 personnes **83 CAL/P**

1 pêche jaune • 1 pêche blanche • 2 brugnons • 1 citron • 1/2 cuil. à café de gingembre en poudre • 1 cuil. à soupe d'aspartam

Réalisation

Pelez les pêches et les brugnons et coupez-les en deux, puis émincez-les très finement au couteau. Pressez le citron et ajoutez au jus obtenu le gingembre en poudre et l'aspartam. Répartissez sur quatre assiettes les fines tranches de fruits puis versez dessus le citron au gingembre. Servez frais.

Conseil diététique

Attention, le gingembre est une épice très forte et pas toujours bien supportée par tous, pensez à moduler la quantité utilisée.

FRUITS D'AUTOMNE À LA CANNELLE

4 personnes **150 CAL/P**

2 pommes • 2 poires • 2 figues • 6 noix fraîches • 1 orange • 2 cuil. à soupe rases d'aspartam • 1 cuil. à café rase de cannelle

Réalisation

Lavez les fruits. Pelez les poires et les figues, coupez pommes, poires, figues en petits morceaux égaux et mettez-les dans un compotier. Écrasez les noix. Pressez l'orange et ajoutez la cannelle et l'aspartam au jus obtenu. Mélangez les morceaux de fruits, arrosez de jus d'orange et parsemez de morceaux de noix. Servez frais ou légèrement tiédi.

FRUITS D'ÉTÉ

4 personnes **100 CAL/P**

2 pêches • 6 abricots • 300 g de cerises • 1 citron • 1/2 cuil. à café d'extrait d'amande amère • 2 cuil. à soupe rases d'aspartam

Réalisation

Lavez les fruits. Dénoyautez les cerises et coupez-les en deux. Pelez les pêches et coupez-les en petits morceaux, coupez aussi les abricots en petits morceaux. Mélangez tous les fruits. Pressez le citron, versez le jus sur les fruits et ajoutez l'aspartam, ainsi que l'extrait d'amande amère. Mélangez délicatement et faites rafraîchir 2 heures avant de servir.

FRUITS EXOTIQUES AU THÉ À LA VANILLE

4 personnes **130 CAL/P**

1/2 mangue • 1/2 ananas • 200 g de litchis décortiqués et dénoyautés • 1 carambole • 1/2 tasse de thé à la vanille • 1 cuil. à soupe d'aspartam

Réalisation

Lavez les fruits. Coupez en petits morceaux égaux l'ananas, la mangue et les litchis. Coupez la carambole en fines tranches pour former des étoiles. Mélangez les fruits avec le thé à la vanille et l'aspartam. Servez frais.

FRUITS ROUGES RAFRAÎCHIS

4 personnes **95 CAL/P**

200 g de cerises • 200 g de fraises • 200 g de framboises • 200 g de groseilles • 1 orange • 2 cuil. à soupe rases d'aspartam • 1/2 cuil. à café d'extrait de vanille

Réalisation

Lavez les fruits. Dénoyautez les cerises, égrappez les groseilles, coupez les fraises en deux ou quatre selon leur grosseur. Pressez l'orange, recueillez le jus, ajoutez-y l'aspartam et l'extrait de vanille. Mélangez les fruits et arrosez-les de jus d'orange. Faites rafraîchir 2 heures avant de servir.

MACÉDOINE DE POMMES AU LAIT DE COCO

4 personnes **133 CAL/P**

600 g de pommes variées (golden, reinette, boskoop...) • 10 cl de lait de coco • 10 g de noix de coco râpée • 1 cuil. à café de vanille liquide

Réalisation

Épluchez les pommes en très petits cubes. Mettez-les dans un compotier, ajoutez-y le lait de coco, la noix de coco râpée, la vanille liquide, mélangez délicatement et placez au frais 30 minutes au moins avant de servir.

MELON SURPRISE

4 personnes **50 CAL/P**

2 melons de taille moyenne • 100 g de myrtilles • 100 g de framboises • 2 cuil. à soupe de jus de citron • 1 cuil. à soupe rase d'aspartam • 1 cuil. à soupe de fleur d'oranger

Réalisation

Lavez les fruits. Coupez les melons en deux, éliminez les graines puis évidez-les avec une cuillère parisienne pour former des billes. Mélangez les billes de melon, les myrtilles, les framboises, le jus de citron, l'aspartam, l'extrait de fleur d'oranger. Répartissez dans les demi-coques de melon disposées sur des assiettes individuelles.

MIRABELLES AUX FRAMBOISES

4 personnes **68 CAL/P**

300 g de framboises fraîches • 300 g de mirabelles • 1 cuil. à café d'extrait d'amande amère • 1 cuil. à soupe d'aspartam

Réalisation

Lavez et séchez les mirabelles, coupez-les en deux et dénoyautez-les. Mixez 100 g de framboises, ajoutez l'extrait d'amande amère et l'aspartam. Dans un compotier, mélangez les mirabelles dénoyautées avec les framboises restantes, puis ajoutez les framboises mixées. Servez frais.

NAGE DE MELON AUX CERISES

4 personnes **81 CAL/P**

600 g de melon de Cavaillon • 300 g de cerises • 1 cuil. à café de vanille liquide • 1 cuil. à soupe d'aspartam

Réalisation

Lavez, épluchez, épépinez le melon, puis mixez-en la chair finement. Dénoyautez les cerises. Mélangez le melon mixé avec l'aspartam et la vanille liquide. Versez dans un compotier et ajoutez les cerises dénoyautées. Servez frais de préférence.

NAGE DE MYRTILLES AU LAIT DE COCO

4 personnes **155 CAL/P**

10 cl de lait de coco • 2 yaourts à 0 % • 600 g de myrtilles fraîches • 1 cuil. à soupe d'aspartam

Réalisation

Mixez ensemble les deux yaourts avec le lait de coco et l'aspartam, laissez refroidir le mélange et versez dans des coupes individuelles. Disposez sur ce mélange les myrtilles fraîches juste avant de servir, afin de ne pas trop colorer le mélange au lait de coco.

Conseil diététique

Cette salade comportant un produit laitier, vous avez un apport de calcium ; tenez-en compte dans votre menu.

POMMES ET POIRES AUX FLOCONS D'AVOINE

4 personnes **123 CAL/P**

50 g de flocons d'avoine prêts à consommer • 2 pommes • 2 poires • 1 citron • 1 cuil. à café de vanille liquide • 1 cuil. à soupe d'aspartam

Réalisation

Pressez le citron, ajoutez au jus obtenu l'aspartam et la vanille liquide. Pelez les poires et coupez-les en cubes. Coupez les pommes en cubes ; selon le type de pomme, vous pouvez conserver la peau. Mélangez les morceaux de pomme et de poire avec le jus de citron. Laissez rafraîchir environ 1 heure. Au moment de servir, ajoutez les flocons d'avoine.

Conseil diététique

Avec les flocons d'avoine, vous avez un apport de féculents, pensez à consommer moins de pain.

POMMES RÂPÉES À LA CANNELLE

4 personnes **70 CAL/P**

450 g de pommes type Golden ou Granny • 2 citrons • 1 cuil. à café de cannelle en poudre • 1 cuil. à soupe d'aspartam

Réalisation

Pressez les citrons et ajoutez au jus obtenu l'aspartam et la cannelle. Pelez les pommes, ôtez le trognon et râpez-les finement, puis ajoutez rapidement le jus des citrons et mélangez. Servez frais.

PRUNES EN SALADE

4 personnes **74 CAL/P**

150 g de quetsches • 150 g de mirabelles • 150 g de reines-claudes • 150 g d'orange • 1 cuil. à café de cannelle en poudre • 1 cuil. à soupe d'aspartam

Réalisation
Lavez, essuyez, dénoyautez et coupez en morceaux les quetsches, les mirabelles, les reines-claudes. Versez les fruits dans un compotier. Pressez l'orange et ajoutez au jus obtenu la cannelle et l'aspartam. Arrosez les fruits de ce mélange. Servez frais.

RIZ À L'ORANGE ET AUX NOIX

4 personnes **160 CAL/P**

50 g de riz cru • 600 g d'oranges • 40 g de noix fraîche • 1 cuil. à soupe d'aspartam • Sel

Réalisation
Faites cuire le riz dans de l'eau bouillante pendant 20 minutes et laissez-le refroidir. Pressez une orange. Pelez les trois oranges restantes à vif, afin d'en dégager les quartiers sans la peau. Hachez les noix. Mélangez le riz avec les quartiers d'orange, l'aspartam, le jus d'orange. Parsemez de noix hachées. Servez très frais.

SALADE D'ABRICOTS AUX FRAISES ET AUX MÛRES

4 personnes **98 CAL/P**

6 abricots moyens • 100 g de mûres • 200 g de fraises • 1 cuil. à soupe d'aspartam • 1/2 cuil. à café d'extrait d'amande amère

Réalisation

Lavez rapidement les fraises sous le robinet sans les laisser tremper, épongez-les délicatement. Mixez la moitié des fraises, ajoutez l'aspartam et l'extrait d'amande amère. Dénoyautez les abricots et coupez-les en petits morceaux. Coupez le reste des fraises en deux ou quatre selon leur taille. Mélangez les morceaux de fraise, les morceaux d'abricot, les mûres, ajoutez les fraises mixées. Servez frais.

SALADE D'ANANAS AUX DEUX FIGUES

4 personnes **105 CAL/P**

400 g d'ananas frais • 150 g de figues fraîches • 50 g de figues sèches • 1 cuil. à café de vanille liquide • 1 cuil. à soupe d'aspartam

Réalisation

Lavez et essuyez les figues fraîches, coupez-les en quartiers. Coupez les figues sèches en petits morceaux. Coupez l'ananas en cubes. Mélangez les quartiers de figue fraîche, les morceaux de figue sèche, les cubes d'ananas, la vanille et l'aspartam. Servez frais.

SALADE DE BLÉ AUX FRUITS ROUGES

4 personnes **119 CAL/P**

50 g de blé cru • 100 g de fraises • 100 g de framboises • 100 g de cerises • 100 g de myrtilles • 100 g de mûres • 100 g de cassis • 1 cuil. à soupe d'aspartam

Réalisation

Faites cuire le blé pendant 10 minutes à l'eau bouillante et laissez-le refroidir. Coupez les fraises en deux ou trois selon leur grosseur. Mixez les framboises et ajoutez l'aspartam. Mélangez le blé avec les fraises coupées et les autres fruits, ajoutez les framboises mixées. Servez frais.

SALADE DE FRAISES À L'ORANGE

4 personnes **95 CAL/P**

400 g de fraises • 600 g d'oranges • 20 feuilles de menthe fraîche • 1 cuil. à soupe d'aspartam

Réalisation

Pelez à vif trois oranges, puis dégagez-en les quartiers sans la peau. Pressez la quatrième orange. Mixez le jus avec la menthe, puis ajoutez l'aspartam. Lavez soigneusement les fraises et coupez-les en deux ou quatre selon leur grosseur. Mélangez les fruits et le jus d'orange à la menthe. Servez frais.

SALADE DE FRUITS AUX CAROTTES

4 personnes **94 CAL/P**

100 g de carottes • 1 pomme • 200 g de petites fraises • 3 abricots • 1 pêche • 1 citron • 1 cuil. à soupe d'aspartam

Réalisation

Coupez la pomme et la pêche en petits dés. Coupez les abricots en quartiers. Pressez le citron. Râpez finement les carottes et arrosez-les de jus de citron. Mélangez les dés de pomme et de pêche, les carottes râpées, les quartiers d'abricot et les petites fraises. Saupoudrez ce mélange avec l'aspartam. Servez frais.

SALADE DE FRUITS FRAIS AU BASILIC

4 personnes **173 CAL/P**

1 ananas • 100 g de framboises fraîches • 2 kiwis • 20 g de pistaches décortiquées • 50 g de litchis épluchés et dénoyautés • 1 orange • 10 feuilles de basilic frais • 1 pincée de poivre Sé Chuan • 1/2 cuil. à café de vanille liquide • 2 cuil. à soupe d'aspartam

Réalisation

Épluchez l'ananas et coupez-le en tranches fines. Faites dorer ces tranches dans une poêle à revêtement antiadhésif. Épluchez les kiwis et coupez-les en fines lamelles. Hachez les pistaches. Coupez finement au couteau le basilic frais. Pressez l'orange, et ajoutez au jus obtenu le basilic haché, l'aspartam, le poivre Sé Chuan, la vanille liquide. Mélangez bien. Ajoutez les tranches d'ananas refroidies avec les lamelles de kiwi, les framboises et les litchis. Parsemez de pistaches hachées. Servez frais.

SALADE DE MELON AUX TROIS RAISINS

4 personnes **99 CAL/P**

1 melon de Cavaillon • 100 g de raisin blanc • 100 g de raisin noir • 40 g de raisins secs (type Corinthe) • 1 cuil. à soupe d'aspartam

Réalisation

Pelez et épépinez le melon, coupez la chair en cubes, ou prélevez de petites billes avec une cuillère parisienne. Pelez les grains de raisin frais, puis coupez-les en deux pour pouvoir les épépiner. Réhydratez les raisins secs avec 2 cl d'eau chaude. Mélangez les billes de melon avec les grains de raisin pelés, les raisins secs réhydratés et l'aspartam. Servez frais.

SALADE DE PAPAYE À LA MUSCADE

4 personnes **81 CAL/P**

800 g de papayes • 2 citrons verts • 1/2 cuil. à café de muscade râpée • 1 cuil. à soupe d'aspartam

Réalisation

Pelez et épépinez les papayes, coupez-les en cubes. Versez-les dans un compotier. Pressez les citrons verts et ajoutez au jus obtenu la muscade râpée et l'aspartam. Arrosez les cubes de papaye de ce jus aromatisé. Servez frais.

SALADE DE POMMES AUX CÉRÉALES

4 personnes **140 CAL/P**

400 g de pommes • 1 citron • 50 g de raisins secs • 50 g de pétales de maïs complet • 1/2 cuil. à café de cannelle en poudre • 1 cuil. à soupe d'aspartam (facultatif)

Réalisation

Épluchez les pommes et coupez-les en cubes, mettez-les dans un compotier. Pressez le jus du citron et versez-le sur les pommes pour éviter le noircissement. Ajoutez les raisins secs, la cannelle, l'aspartam, mélangez le tout. Ajoutez les pétales de céréales juste avant de servir, pour éviter qu'elles ne ramollissent.

Conseil diététique
La semoule vous apportant des féculents, pensez à consommer moins de pain.

SALADE EN VERT

4 personnes **90 CAL/P**

3 kiwis • 200 g de reines-claudes • 1 pomme Granny • 10 cl de thé vert au jasmin • 1 cuil. à soupe d'aspartam

Réalisation
Pelez et coupez en petits cubes les kiwis. Ouvrez en deux les reines-claudes pour en retirer les noyaux, puis coupez-les en petits morceaux. Pelez la pomme, ôtez le trognon et coupez la chair en cubes. Mélangez les fruits, le thé vert au jasmin et l'aspartam.

TABOULÉ AUX FRAISES

4 personnes **135 CAL/P**

50 g de semoule crue • 500 g de fraises • 2 oranges • 2 citrons verts • 1 botte de menthe fraîche • 2 cuil. à soupe d'aspartam

Réalisation

Faites gonfler la semoule avec 12,5 cl d'eau chaude. Coupez les fraises en deux ou quatre morceaux. Hachez finement au couteau la menthe fraîche. Pressez les citrons et réservez le jus. Pelez les oranges à vif pour en dégager les quartiers sans peau. Mélangez la semoule gonflée avec les fraises coupées, les quartiers d'orange, le jus des citrons verts, la menthe finement hachée et l'aspartam.

Conseil diététique

La semoule représentant un apport de féculents, pensez à consommer moins de pain.

TABOULÉ D'AGRUMES À LA MENTHE

4 personnes **113 CAL/P**

50 g de semoule crue • 2 oranges • 1 pamplemousse rose • 2 citrons verts • 20 feuilles de menthe • 1 cuil. à soupe d'aspartam

Réalisation

Faites gonfler la semoule avec 12,5 cl d'eau chaude. Pelez à vif les oranges et le pamplemousse, afin d'en dégager les quartiers sans la peau, puis coupez les quartiers ainsi obtenus en deux ou trois. Pressez les citrons verts, mixez le jus obtenu avec les feuilles de menthe et ajoutez l'aspartam. Mélangez la semoule avec les morceaux d'agrumes et le jus de citron à la menthe. Servez frais.

Conseil diététique

Inutile de consommer du pain et/ou des féculents au repas.

MAYONNAISE AU FROMAGE BLANC 0 %

4 personnes **26 CAL/P**

1 jaune d'œuf • 100 g de fromage blanc à 0 % • 1 cuil. à café de moutarde • Herbes fraîches (facultatif) • Sel, poivre, muscade

Mélangez le jaune d'œuf avec la moutarde, du sel, du poivre, de la muscade, puis incorporez petit à petit le fromage blanc. Ajoutez les herbes ciselées.

SAUCE À L'ORANGE

4 personnes **15 CAL/P**

1 orange (ou citron vert, pamplemousse, mandarine...) • 1 cuil. à café de moutarde • Sel, poivre, muscade

Pressez l'orange. Mettez la moutarde dans un bol avec un peu de sel, de poivre et de muscade. Diluez avec le jus d'orange, mélangez le tout.

SAUCE CITRON À L'HUILE D'OLIVE

4 personnes **50 CAL/P**

2 cuil. à soupe d'huile d'olive • 1 citron • Sel, poivre

Pressez le citron. Mélangez le jus avec l'huile, salez, poivrez.

SAUCE YAOURT À L'AIL

4 personnes **15 CAL/P**

1 gousse d'ail • 8 à 10 brins de persil frais • 1 yaourt à 0 % • 4 cuil. à soupe de vinaigre balsamique ou de xérès • Sel, poivre, muscade

Hachez finement l'ail et le persil, incorporez au yaourt, ajoutez le vinaigre, du sel, du poivre et de la muscade. Mélangez bien et laissez au frais jusqu'au moment de servir.

SAUCE YAOURT AUX ÉPICES

4 personnes **15 CAL/P**

1 yaourt à 0 % • 4 cuil. à soupe de jus de citron ou de vinaigre de cidre • 1 cuil. à café d'épices (cannelle, gingembre, cumin, curry...) • Sel, poivre

Mélangez les ingrédients dans un bol et laissez au frais jusqu'à l'utilisation.

SAUCE YAOURT AU CITRON

4 personnes **18 CAL/P**

1 yaourt à 0 % • 1 citron • Sel, poivre

Prélevez le zeste du citron, râpez-le, pressez le fruit. Mélangez le yaourt, le zeste et le jus de citron, salez et poivrez.

Variante

Vous pouvez réaliser cette recette avec du citron vert ou de l'orange.

SAUCE YAOURT AUX HERBES

4 personnes **18 CAL/P**

1 cuil. à café de moutarde • 4 cuil. à soupe de vinaigre • 1 botte d'herbes (ciboulette, aneth, basilic, estragon, persil, menthe, coriandre) • 1 yaourt à 0 % • Sel, poivre

Coupez les herbes aux ciseaux. Mélangez la moutarde avec le vinaigre, le sel, le poivre, le yaourt, ajoutez les herbes ciselées.

SAUCE YAOURT AU MIEL

4 personnes **29 CAL/P**

1 yaourt à 0 % • 1 cuil. à soupe de miel de sapin • 1 citron • Sel, poivre

Pressez le citron, versez le jus dans un bol et

ajoutez le miel, puis le yaourt. Salez, poivrez. Mélangez le tout.

SAUCE YAOURT AU TABASCO

4 personnes **12 CAL/P**

1 yaourt à 0 % • 1/2 cuil. à café de Tabasco • 1 cuil. à soupe de ketchup • Sel

Mélangez le tout dans un bol et conservez au réfrigérateur jusqu'au moment de servir.

SAUCE YAOURT AU VINAIGRE DE FRAMBOISE

4 personnes **15 CAL/P**

1 yaourt à 0 % • 4 cuil. à soupe de vinaigre de framboise • 10 framboises fraîches • Sel, poivre

Mixez les framboises, mélangez avec le yaourt et le vinaigre de framboise, salez et poivrez.

VINAIGRETTE À L'ÉCHALOTE

4 personnes **55 CAL/P**

2 cuil. à soupe d'huile (tournesol ou colza) • 4 cuil. à soupe de vinaigre de vin ou de cidre • 50 g d'échalotes (ou d'oignon) • 10 brins de persil • Sel, poivre

Épluchez les échalotes, hachez-les finement avec le persil. Ajoutez l'huile et le vinaigre, salez et poivrez.

VINAIGRETTE HUILE DE NOIX / VINAIGRE DE FRAMBOISE

4 personnes **50 CAL/P**

2 cuil. à soupe d'huile de noix • 4 cuil. à soupe de vinaigre de framboise • 1 cuil. à café de moutarde • Sel, poivre, muscade

Mélangez le tout. Cette sauce accompagne très bien toutes les salades vertes à base de viande ou de volaille.

VINAIGRETTE HUILE DE COLZA / VINAIGRE BALSAMIQUE

4 personnes **50 CAL/P**

2 cuil. à soupe d'huile de colza • 4 cuil. à soupe de vinaigre balsamique • 1 cuil. à soupe de baies roses • Sel, poivre

Écrasez grossièrement les baies roses au pilon, mettez-les dans un bol. Ajoutez le vinaigre, l'huile, salez, poivrez. Mélangez bien.

VINAIGRETTE HUILE DE TOURNESOL VINAIGRE DE CIDRE

4 personnes **50 CAL/P**

2 cuil. à soupe d'huile de tournesol • 4 cuil. à soupe de vinaigre de cidre • Sel, poivre, muscade

Mélangez le tout.

VINAIGRETTE HUILE D'OLIVE / VINAIGRE DE XÉRÈS

4 personnes **50 CAL/P**

2 cuil. à soupe d'huile d'olive • 4 cuil. à soupe de vinaigre de xérès • Sel, poivre • Cannelle

Mélangez les ingrédients.

VINAIGRETTE AU VINAIGRE DE MIEL

4 personnes **50 CAL/P**

2 cuil. à soupe d'huile de colza ou de tournesol • 4 cuil. à soupe de vinaigre de miel • 1 cuil. à café de moutarde • Sel, poivre • Cumin en poudre

Mélangez le tout.

Index des recettes

SALADES DE POISSONS

SALADES DE VIANDES, DE VOLAILLE ET D'ŒUFS

TABOULÉS

SALADES DE LÉGUMES
ET DE CÉRÉALES

SALADES AU FROMAGE

SALADES DESSERT

SAUCES DE SALADES